敬語の常識

長尾高明

渓水社

目次

敬語の常識

I

敬語とはどんな言葉か

1　敬語とは

社会人教育は敬語

学生が卒業していわゆる社会人になると、たいていの場合、敬語で苦労するといいます。デパートや商店などに勤める場合はもちろんのこと、会社に就職しても、真っ先に指導されるのが言葉遣いで、しかもその大半は敬語に関する事柄です。学生時代まではあまり敬語を使わずに生活していることが多いので、実社会に出たとたんに、別世界に生まれ変わったような印象を持つ人も珍しくないようです。たしかに、昔の学校の先生は怖い存在（遠い存在）だったのですが、最近では友人同士のような関係を好む教師もふえてきました。大学生ともなれば立派な成人であり、一般の礼儀もわきまえているはずだと思うのですが、それでも、教師に対して敬語をあまり使わない学生が多くなりました。使うとしても、せいぜい「……です」「……ます」という「丁寧語」だけですませることがほとんどであり、老先生からは「近頃の学生は言葉遣いも知らない」と非難されるのがしばしばです。敬語がいわゆる丁寧語を主とするようになったことについては、後にもう少し説明しますが、このように、言葉遣いが問題にされる場合（例えば若者の言葉遣いが問題になる場合など）のほとんどが、敬語に関する問題なのです。敬語をうまく使えないからといって、教養・人格まで疑われてはたまったものではないと思うでしょう。しかしそれが現実です。

ところで、敬語を上手に使いこなすにはどうしたらよいでしょうか。いくつかの場面を想定して、それぞれに応じた敬語を使うべく訓練することが有効なのは当然ですが、何よりも大切なことは、まず、敬語についての認識を深めることです。また、単なる言葉の技術ではなく、心遣いの面が最も重要なことになります。

敬語については、従来、相手を尊敬する言葉だとか、自分のほうをへりくだって言う言葉だとかの説明が多く用いられてきました。そのため、敬語とはなんとなく面倒な言葉遣いであるように考える傾向もなかったとは言えません。この本では、それらとは若干違う考えをもとにして敬語の問題を取り上げていこうと思います。もちろん、従来からの説明も随時利用しますが、できるだけ簡潔な説明を心がけるつもりですし、敬語の定義についても、後述するように、きわめて単純な一つの定義から出発しようと思います。

基礎の確認

それでは、はじめに、敬語の基礎的事項を確認するため、ひとつの場面を想定してみましょう。演劇の一場面のようにしてみると、

登場人物……A、B（Aの友人）、C（Aたちの先生）の三人。

場　所……駅前の広場。
状　況……三人は、別のDが来るのを待っている。

右のような場面で、Aが次のように言ったとすると、それは、誰に向かって言った言葉か、また、来たDは誰（または何）なのか、それぞれについて考えてみてください（いろいろな場面が考えられますので、Dは人間とは限りません）。

①　来た。
②　来ました。
③　いらっしゃった。
④　いらっしゃいました。
⑤　参りました。

この例題は、山下秀雄氏の著書『日本のことばとこころ』で用いられている例を借りて少し変形したものです。さて、それぞれの答えはどうなるでしょうか。
①は、「来た」という形です。敬語に関する表現がまったく用いられていませんから、AがBに向かって言った言葉で、来たDも、AやBの友人だということがわかります（場合によっては、DはAの家族ということもあり得ます）。あるいは、ここでは場所を「駅前広場」としておきましたが、

もし「タクシー乗り場」でタクシーを待っていた場面とすれば、Dはタクシーということにもなります。

②は、来たDは①の場合と同じですが、「ます」という丁寧語（聞き手への敬意を表す言葉）が用いられていますから、AがCに言った言葉だということになります。

③は、「いらっしゃる」という言葉が用いられています。少しだけ文法的な説明をしますと、「いらっしゃる」は「来る」の尊敬語と呼ばれる言葉です。尊敬語というのは、その動作の主に対する敬意を表す言葉のことです。つまり、来たDの行動に対して敬語が用いられているのですから、DはCの身内の人（例えばCの夫人とか娘など）、あるいは、Cと同じような立場の人（AやBの先生）、ということになります。そして、「ます」が用いられていませんから、相手（誰に向かって言ったかという相手）はB、ということになります。

ただしこの場合、Cがそばにいる（CもAの言葉を聞くことができる）ということが前提になります。例えば学校で、先生が授業のため教室に来るのを、生徒の一人が級友に知らせる場合でも、先生に聞こえない場所ならば「来たぞ」などと言うでしょうが、先生に聞こえるような時は「いらっしゃった」と言うでしょう。

④は、Dは③と同じになりますが、「ます」によって相手はCであることがわかります。

⑤は、「参る」という言葉が用いられています。前の「いらっしゃる」が「行く・来る」の尊敬

語であるのに対して、「参る」は「行く・来る」の謙譲語と呼ばれます。謙譲語とは、その動作を受ける人（動作の対象になる人）への敬意を表す言葉のことです。つまり、⑤の場合は、ＤはＣのために来るのだという意味を明確に示しています。ですから例えば、旅行先ならば、Ｃ先生を案内する役目の人とか、Ｃ先生を迎えに来ることになっている車とかである、ということになります。なお、「参る」という言葉については、後にもう少し補足説明をします（135ページ参照）。

以上をまとめて試験の解答欄のようにすれば次のようになります。

	誰に言ったのか	来たＤは誰か
①	Ｂ	Ａの友人、Ａの身内の者、など
②	Ｃ	Ａの友人、Ａの身内の者、など
③	Ｂ	Ｃの身内の人、Ｃと同じような先生、など
④	Ｃ	Ｃの身内の人、Ｃと同じような先生、など
⑤	Ｃ	Ｃを迎えに来る車、ガイド役の者、など

このように、説明、とくに文法的な説明をすると、なんだか面倒に聞こえますが、日本人ならば、この例題の答は直感的にわかるはずです。もちろんそれでじゅうぶんなのであって、説明などどうでもよいのですが、敬語というものが、このように、さまざまな場面に応じて使い分けられているということがわかりますし、敬語の有無や使い分けによって、どのような人間関係になっているか

もわかるのです。そう考えれば、敬語とは案外便利なものだということにもなります。

ところで、大学でも私の講義はすぐに「脱線」するのが特徴になっていますが、ここでもちょっとだけ脱線しましょう。

主語なしの文

日本語表現の特徴として、主語が省かれるという点がよく指摘されます。右にあげた例題でも、英語ならば「Dが来た」という形で言う例ですが、右の例文はすべて主語がありません。これはわざと省いたのではなく、普通の言い方にしてあるのです。例えば、ごく初級の英会話の例で、

Will you go to the park tomorrow?

Yes I will.

という英語に対して、私が初めて中学校で英語を習ったころは、次のように日本語訳していました。

あなたは、明日、公園に行きますか？

はい、私は行きます。

これは誤った日本語訳です。とくに、答の文で「私は」というような主語は言いません。これは、言わなくてもよいのではなく、言ってはいけないのです。なぜならば、日本語では、「私は行く」と言うと、「は」という助詞の意味（他と区別して、取り立て、強調する）が強く出てしまう。自分が行くか行かないかという返事の意味ではなく、別の意味が加わってしまうからです。つまり、「私

は行く」という表現は、「○○さんは行かないだろうけれども、私は行く」「ほかの人はどうするか知らないけれども、私は行く」というように、他の人を意識した言い方になるわけで、単に自分がどうするかということを伝えるだけの表現ではなくなってしまいます。ですから、このような場合、日本語では、

はい、行きます。

とだけ答えるのが普通だということになります。

このように、日本語では、英語などと比べて、主語の役割が弱い、一人称の主語を言わない、という特徴があるのですが、右にあげた敬語の例題のように、敬語がその点を補っている（敬語があるために、主語が誰か、相手は誰かなどの人間関係や意味がはっきりわかる）とも言えるのです。

高校生と話をしますと、「古文は主語が省略されることが多いので理解しにくい」という苦情をよく耳にしますが、古文ならずとも、日本語では主語をいちいち言わないほうが多いのです。昔、学生時代に、アーサー・ウエレーの英語訳『源氏物語』を読んでみたとき、やたらに「he」「she」という語が出てくるので、「源氏物語は、こんなにヒーヒー言っている作品だったのかなあ」という感想を持ったことがあります。主語を言わないことがわかりにくさを生んでいるのも事実ですが、古文でも、敬語の使われ方を見るのが、文脈を理解するうえで大切な着眼点になるのです。

主語なしの文（補足）

少々しつこい説明になりますが、似たような例をもう少し補ってみます。次の二つの表現を比べてみれば、それぞれが誰のことを言っているのかは、すぐわかるはずですね。

明日の会に、①　出席いたします。
②　出席なさいます。

説明するまでもなく、出席するのは、①が自分（話し手）で、②は話題の人物です。これは敬語の有無がその根拠になる例ですが、敬語がなくても、例えば次のような文で、帰るのが誰か、電話する相手が誰かは、すぐわかります。

うちに帰ったら、すぐに電話するよ。

仮に、この文で、動詞の前にそれぞれの主語や目的語（英文法のような用語ですが）を補って、次のようにすると、意味がどのように変わるでしょうか。

ぼくがうちに帰ったら、すぐ君に電話するよ。

意味は前の文と変わりがない。むしろこのように言ったほうが意味も明確になる。

「意味がどう変わるか」という質問に対しては、一つには、次のように答えることも可能です。しかし、少し意味が変わる、という答えもできるのです。すなわち、

①　帰るのは「ぼく」だけではないという場面で言っている。

② 電話する相手が「君」以外にもいるという場合を含む。

というような意味がこめられてくることもあります。したがって、ふつうは、自分が家に帰って電話するということを伝えるのには、そのようなくどい言い方（「ぼくが」「君に」などを入れる言い方）はしないほうが多いのです。

さらには、次のような文は、外国人がよく聞き違いする例だと言われます。

電車が遅れたにしても、もう来るころだ。

右の文に対して、外国人は、「来る」のは電車だと考えることが多いようですが、日本人ならば、ほとんどの人が「来る」のは人（その人が来るのを待っている、その人）だと考えるでしょう。

生活と敬語

初めに述べたように、社会人になったとたんに敬語で苦労することから、敬語は厄介なものという印象を受ける人もいるようです。

社会に出ますと、さまざまな場で、さまざまな人と付き合うようになり、言葉遣いを気にする場面が多くなります。平成十一年に行われた文化庁の世論調査でも、「行き届いた言葉遣いのできる人と接すると気持がよい」と答えた人は全体の九〇％に及んでいます。

言葉遣いの中でも、最も苦労するのが敬語だと思います。とりわけ、初対面の人に対する時などは、どのような敬語を用いればよいかという点にひどく気をつかった、という経験をだれもが持っているはずです。前にも述べたように、その人の言葉遣いに関する評価は、ほとんどが敬語が使えるか否かという点からの評価であり、敬語は人を悩ませる最大のものと言えるようです。だからといって、敬語などなくなればよいかというと、そうもいきません。

敬語は、人間関係や社会生活を円滑にするために必要なものなのです。仕事の仲間や取引・交渉の相手などとトラブルを起こさないようにするためにも、敬語を適切に使えるようにすることが大切です。しかも、敬語を使いこなすことが、知性・教養のある人間だという評価も受け、社会的な評価のアップにもつながるのです。

2 敬語は封建時代の産物か？

中国語の敬語

私が中国の大学に招かれて日本語・日本文学を講義する仕事をしたのは、もうずいぶん古い話で、一九八〇年。文化大革命が終了して間もない頃のことでした。文化大革命のころは、大学に入る学生というのは、労・農・兵、つまり、労働者・農民・軍隊からの推薦を受けた者だけに限られていたのですが、ようやく、一般の入学試験が復活したのが一九七七年です。したがって私が赴任した時の大学四年生（入学試験が復活して初めての学生。つまり新制度の大学の第一期生）は、文化大革命の最中に高等学校で学んだ人、さらには、高校卒業後も入学試験が復活するのを待って（農村や工場での労働に従事しながら）勉強していた人たちもまじっていました。ですから年齢もまちまちで、私が直接担当した大学四年生は、最年少が二十歳（中学・高校時代に「飛び級」をしており、他の人より早く卒業したため）、最年長は三十一歳でした。当時の中国では、大学に進学する者は、高校生の一パーセント程度だったようで、日本に比べてはるかに「狭き門」であり、大学生というのは超エリートだったと言えます。

ある時、授業の中で敬語法を話題にしたところ、当時の学生たちが、「中国は解放されているから、現在では敬語などという封建的な言葉はなくなった」と、きわめて誇らしげに言いました。そこで私は、「それは敬語に関する認識不足というものだ。敬語を身分の上下によって使い分ける言葉と考えるのはまちがいであり、人間関係を大切にする気持から生まれる敬語表現がなくなるはずはない。敬語表現を持たない言語などあり得ない」と強調して、ついに中国語の敬語表現まで例に引いて解説することになりました。

お名前は？

かつてのいわゆる「封建時代」の中国では、例えば、相手の名を尋ねる場合には、「您貴姓《ニンコエイシン》？」と言い、それに対して「微《ウエイ》姓李」あるいは「敝《ビー》姓李」というように答えるのがふつうだったといいます。つまり、「あなたの貴い名は？」という問いに対して「私のつまらない名は李といいます」というように答えるわけです。さすがに現在の中国では、「微姓・敝姓」のような表現はみられなくなりました。ただし、「您貴姓？」は現在でも広く用いられており、これを「你《ニー》姓什么《シャンマ》」(おまえの名は何か)などと尋ねるのはやはり教養に欠ける表現とみなされます。やはり相手への敬意を示す表現は「解放された」現代でも残っているのです（なお、「你」は二人称代名詞 you で、「您」はそれに敬意が加わった言葉ですから、もともとは敬語ですが、とくに北京の人が好んで用いる代名詞で、北京語の特徴の一つになっているようです）。

なお、もう少し補うならば、現代の中国でも、人によっては、「您貴姓？」と尋ねられた時には

「免貴《ミエンコエイ》　姓李」

のように答えるといいますし、尋ねるほうでも、丁寧に訊こうとする時には、

「請問《チンウエン》您的《ダ》名字《ミンズ》。」

あるいはさらに丁寧な言い方として、

「請問您尊姓大名《ツオンシンターミン》。」

などという尋ね方をすることもあるそうです。「尊姓大名」とは「貴い姓と立派な名」という意味になる敬語で、私には「您貴姓」よりもむしろ大袈裟な感じがします。

ただし、答えるほうはその場合も「我《ウオー》姓李」とか「我叫《チアオ》李芳」などと答えればよいのであって、先ほどあげた「免貴」などはあまり一般的ではなく、特別な場合、例えば、相当に目上の人から「您貴姓？」と尋ねられた場合の答え方（目上の相手が丁寧に名を尋ねるので、恐縮して答えるという意識がはたらいた場合）にみられるようです。したがってこれも、相手の言葉遣いに反応して

用いられる表現だと言えましょう。

買い物の場合

もう一つ別の簡単な例を引きますと、商店で買い物をする場合、店員に対して、

「拿来那《ナーライナー》个《ゴ》。我看一看《カンイーカン》。」(それを見せてくれ)

というような言葉を用いると、店員も、ぶっきらぼうに応対し、乱暴な動作で品物を取り出します(とくに、私が行っていたころの中国の国営商店では、従業員の無愛想な応対はひどいものでした)。しかし、同じ店員に対しても、客のほうが、

「労駕《ラオジア》、請把《チンバー》那个給《ゲイ》我看看。」(お手数をかけますが、どうぞそれを見せてください)

というような言い方をすれば、店員もきわめて丁寧に応対してくれます。買い物が終わった時も、

「謝《シエ》々。」(ありがとう)

と言うだけでは、店員もうなずく程度で、ほとんどの場合返事をしませんが、

「麻煩《マーファン》您了《ラ》。」(お手を煩わせました)

「給您 添《テイエン》 麻煩了。」(同上。さらに丁寧な言い方)

というような言葉を使えば、即座に、

「不客気《プーコーチ》。」(どういたしまして・どうぞお気づかいなく)

という返事が返ってきます。私の貧弱な語学力でもそのような経験はいくどもありました。これは

当然のことでして、どの国の人間でも、相手が丁寧な言葉遣いをすれば、必ず丁寧な言葉で応じるのです。

このような言葉遣いも敬語表現の一種だと私は考えていますから、「敬語を持たない言語などはあり得ない」と学生に言ったのです。ただしここでは、「敬語」を広い意味に用いています。後にも述べるように、日本語の敬語とは少々違いますが、相手の人格を尊び、あるいは相手の心情に配慮して、丁寧な言葉遣いをするものを、ここでは広く敬語表現と考えることにします（文法的には一般に待遇表現と呼ぶことが多いのですが、ここではなるべく用語を簡単にするため、敬語と呼ぶことにします）。

中国でも敬語がふえた？

さらに、最近知ったことですが、中国でも商店などでは店員が、

「歓迎光臨《ホアンインコアンリン》。」

などと言うことが多くなったそうです。商売熱心になると、「光臨」などという日本でもめったに聞かない敬語が出てくるのかと驚きます。以前は、偉い政治家などが学校を訪れるというような際に、校門の所に「歓迎領導《リンタオ》光臨我校《シアオ》」などという幕が張られることもあり、ずいぶん大袈裟な敬語だなと思ったものでしたが、中国人学生に聞いた話では、目上の人を自分の家に呼び迎えたい時などには、

歓迎光臨寒舎《ハンショ》。

などと言うこともあるとのことでした。この「光臨」は尊敬語だし、「寒舎」（みすぼらしい家。つまり拙宅の意）はいわゆるへりくだりの謙譲語ですから、近代化された中国でむしろ古風な敬語が復活しつつあるのかも知れません。最後の「まとめ」の所で述べるように、生活にゆとりができると丁寧な言葉遣いも多くなる、ということの表れとも言えますし、個人の意識としては、おそらく、教養人らしく振舞うとか、少々気取った言い方をしようとかいう意識がはたらいているのだろうと思いますが……。

3　学校では敬語は身につかない

学校に何でも期待するな

近頃の若者は敬語をうまく使うことができない、という批判をよく耳にします。

それなら、学校できちんと敬語を教えればよいではないかと、誰でも思うでしょう。これは敬語には限りません。今の日本では、家庭でなすべきことをも学校に依存しており、そのくせ、校内暴力でもいじめでも、学校で何か起きるとすぐ学校あるいは先生の責任として追究するのが一般的になっています。自身の義務は果たさず、他人の責任ばかり取り沙汰するという、一般的な傾向がここにも見られると言ってよいでしょう。

本来ならば、礼儀作法などのいわゆる「しつけ」は、それぞれの家庭が行ってきたのです。子供の教育として、学業は学校（先生）が、生活習慣は家庭（親）が、という分業のような形が自然に行われていたのですが、いつのころからか、何から何まで学校に依存するようになってしまったのです。いわば、親が子供の教育を放棄して、学校にすべてを頼るという傾向が広がってしまったのだと言えましょう。

平成十三年の、文化庁による世論調査では、小学生の言葉遣いに関して、「注意を与えるべきだ」と答えた人がほとんど全員だったのですが、どうもそれは「たてまえ」のように思われます。なぜなら、その次の、「近くにいる小学生が友達に対して乱暴で聞き苦しい言葉遣いをしているとき、次の人はその子に注意を与えるべきだと思いますか」という質問に対する回答は次のようになっています（「注意すべきだ」という回答の比率）。

父親・母親	九五・五%
学級担任の先生	九〇・二%
担任以外の先生	八三・三%
近所の大人	五五・六%
知らない人	二六・〇%

これを見ると、「親は注意すべきだ」と考えている人が大多数であることは当然であるとしても、同時に、学校への依存度がかなり高いことがわかります（また、「近所の大人」や「知らない人」は「注意する必要はない」と考えられていることもわかります。他人の子供などどうなってもかまわない、という意識が広まったのでしょうか）。

しかも、勉強やしつけだけではなく、スポーツの練習まで学校に依存しているのが実情です（僅かに水泳やテニスなどごく一部の種目だけは、クラブ施設などが選手養成を担当していますが、多くの種目は、選手の養成まで学校が引き受けています）。このような状態がまともな形だとは私は思いません。社会全体が次の世代を育てるのだという姿勢を持つことが必要だと思うのですが、言うのは簡単でも、実現することは至難の業です。政治家の言う構造改革などよりも、思考の転換が急務なのですが、これはきわめて難しいことです。

太平洋戦争後の日本人は、生活の向上ということを何より大切に考えてきましたが、その、生活の向上という意味を、経済的な面ばかりに力点をおき、生活習慣や教養という面にあまり力点をおかなかったようで、その「つけ」が今ごろ廻ってきたのかも知れません。

敬語の訓練は？

また少し脱線気味になりました。話をもとに戻しましょう。若者が敬語をうまく使えないのは、家庭で教えないからであり、「そんな口のききかたをしてはいけない」と子供を叱る親がきわめて少なくなっているのではないか、と私は思いますが、だからといって、学校が何もしないですむわけはありません。やはり基本的なことは学校で指導する必要があります。ところが、ここに実は問題があるのです。それは、現在の学校というところが、敬語を身につけるためにはあまり適当な場ではない、という点です。教師の実力不足という要素もあるのでしょうが、それ以上に、学校という場が、もともと敬語の訓練には向かないのです。

戦後は、学校が、童謡でいう「すずめの学校」から「めだかの学校」になってしまった、と嘆く人がいます。すなわち、昔の学校の先生は「鞭を振り振り」生徒を教えていたのに、今の学校では「だれが生徒か先生か」わからなくなった、というわけです。もちろん、それは悪いことではありません。昔のように先生が怖い存在で、「鞭」をふるうような厳しい指導ばかりするのは感心しません。時にはめだかの学校になるのも大切な教育です。しかし、敬語の実践訓練には、めだかの学校はあまり適切ではないのです。

学校は等質な人間の集まり

一般的に言えば、学校とは、もともと等質な人間が集まった場であると言ってよいでしょう。後に述べるように一部の運動部などでは先輩・後輩の序列が厳しいところもありますが、ふつうは、生徒同士は年齢もほぼ同じで、身分の上下や立場の違いなどの区別はありません。ですから、生徒同士で敬語を用いる必要がある場面というのは、教室で意見交換をするときくらいですし、さらには先生と生徒との間でも、授業中は改まった言葉遣いをする必要がありますが、休憩時間など、遊んでいるときには、先生に対しても友達と同じような言葉を用いるのが自然だということになります。「恐れ入りますが、先生、早く一塁にお投げください」などと言っていたのでは野球になりません。

先生のほうでも、授業中はきちんとした共通語を用いて話す必要があります（教室の中では改まった言葉遣いをするよう努めることが大切だと私は考えています）が、遊んでいる時には、方言などもまじえた親しみの持てる言葉遣いで生徒に接することが大切だと言えますし、実際にもそうなっているはずです。「めだかの学校」でも、「だれが生徒か先生か」わからないのは、「みんなでお遊戯している」からです（遊戯だって体育の授業である、などと叱られるかも知れませんが、遊戯はやはり楽しく行うことが第一でしょう）。

戦前の国語教科書では、教材となる文章の中で、生徒が先生に対してはもちろんのこと、子供が親に対して、あるいは妻が夫に対して、ずいぶん丁寧な敬語を用いています。おそらく、当時の子供たちがふつうに使う言葉遣いよりも丁寧なものだったと想像されます。すなわち、当時の教科書は、あくまでも規範的な言葉遣いを教えるのが目的だという姿勢を強く示していたのでしょう。また、小説に出てくる会話にも敬語は多く使用されていました。しかし、現在では、小説はもとより、教科書でも、敬語をきちんと使った会話というのは、ほとんど影をひそめました。子供たちが敬語に接する機会は著しく減少したのです。

学校での学習は知識のみ

学校でもっと敬語の指導をしたほうがよい、というのは確かにその通りだと私も思います。しかし、学校で敬語を教えようとしても、知識だけに終わってしまうことが多いのではないでしょうか。言葉というものは、知識として知っているだけではあまり役に立たないのであり、それを実際に使えるようになることが必要なのですが、学校ではどうしても限界があるようです。とりわけ敬語は、さまざまな人間関係に応じて使い分けられる言葉なので、学校のように比較的等質な人間の集まった場では、敬語を訓練する場面が少なくなります。その点家庭では、家族同士の関係だけではなく、親戚や他人に関する話題や、社会的な出来事に関する話題など、話題の範囲も広くなりますので、いろいろなケースに応じた言葉遣いが問題になる場面も生じやすいと思います。敬語の訓練は、やはりまず家庭で行われる必要があります。

言葉は体験

大岡信氏は、著書の中で、「ことばは知識ではなく、体験である」と言っています(『日本語の豊かな使い手になるために』)。言葉との出会いから、言葉の力を感じるようになる、ということを強調したものと考えられます。少々意味をとり違えての引用になるので気がひけるのですが、私がこの本で述べていることと都合よく関連させて言えば、言葉の学習は、知識を身につけるだけでは不充分なのです。敬語を学ぶのにも、単に知識として持っているだけでは駄目で、生きた場面、実際に使わざるをえないような場面に立たなければ、言葉を使いこなす訓練はできないのです。学校で設定される模擬的な場面は、しょせんは偽物であり、敬語の真剣勝負にはなりません。真剣勝負などと言うのは大袈裟に聞こえますが、敬語の誤りによって人格まで疑われるのですから、これはもう真剣勝負のようなものです。

学校での敬語の指導例

学校での敬語の指導例として、例えば、私が実際に見学した小学校の授業の例を紹介しましょう。そこでは、「敬語を具体的な場に即して学ぶ」ということを目標に掲げていました。そして、「窓ガラスを割ってしまったことを、校長先生に謝りに行く」という場面を設定して、敬語の言い方を練習しようという授業が行われました。確かに一つの工夫ではあり、担当した先生の意欲と見識は高く評価できるのですが、具体的な指導の場としてはやはり不充分なのです。

なぜなら、このような授業の場合、当の校長先生がこの計画を知っています（あらかじめ担当の先生から校長先生に連絡が入っている）から、生徒が、もじもじしながら校長室の扉を開けても、「はい、どうしたの」などと親切に応対してくれますし、生徒の説明がたどたどしくても、「ああ、そうだったの」などと、きわめて物分かりのよい大人になってくれます。すくなくとも、「ノックもせずに戸を開けるやつがあるか」とか、「今は忙しいから、あとで来なさい」などと追い帰すようなことはしませんし、生徒の言葉遣いが多少乱暴でも、「その言い方は何だ」などと怒鳴りつけて生徒をふるえさせることもしません。苦笑しながらも、「君は、……というようなことを言いたかったのでしょう」などとやさしく教えてくれます。

学校の外では

学校の外では、なかなかこうはいきません。例えば、仮に、次のような場面を想定してみましょう。

学校の校門付近で道路工事が行われていて、登下校の際に注意をする必要があるので、生徒の代表が、工事期間や、注意すべき事項を工事現場の人に尋ねて、皆に知らせる。

この場合、代表の生徒が工事現場で作業中の人に対して、どのような言葉遣いで質問しても駄目です。たいていの場合、「危ないから近寄るな」などと追い帰されるのがせきのやまです。つまり、敬語の練習などという目標以前の段階でつまずいてしまうのです。

実際に必要なのは、まず、作業中ではない人（例えば図面を持って作業の指示をしている人など）を探して、自分が尋ねに来た理由を簡単に述べ、いつならば話をしてもらえるかという、相手の都合を訊く、という二つの点を初めに伝えることです。そのように、相手の立場や都合について配慮するという心のはたらきが、敬語の基礎になるはずですが、これも教室で模擬的な場を設定することが難しいようです。

その結果、学校ではなかなか生きた場面での訓練がしにくいので、どうしても知識の範囲で終わってしまいがちです。知識として知っているだけでは実際に使うことの難しいのが言葉です。したがって、学校で勉強したつもりでも、社会に出るとうまくいかないということも起きるのです。

スラングのような敬語

なお、運動部の一部には、下級生は上級生に絶対服従、というような気風をむしろ誇らしげにしているところもあり、そこでは上級生に対して不自然なほどの敬語を要求する場合もあるようですが、それはしょせん、閉ざされた世界のスラングのようなものであり、実社会で通用するようなものではありません。運動部員は礼儀正しいなどという人もいますが、程度によりけりですし、世間と隔絶した世界だけで強制された上下関係や礼儀が、そのまま外の世界で通用するわけがないのです。会社などで、先輩や年長者に対して不自然な敬語を用いることは、むしろ常識に反する行為として、周囲の人に眉をひそめさせる結果を招きかねません。

昔、私が高等学校の教師をしていたころ、ある私立大学の運動部の学生たちとスキーに行くことがありました。駅で待ち合わせをしたのですが、私を見るなり、学生が、「先生、ザックをお持ちします」「先生、スキーをお持ちします」と言って私の荷物を奪うように受け取り、列車が到着すると、まるで爆弾三勇士のように突撃して、私が後からモタモタと乗り込むと、「先生、席をおとりしました」と大声で呼ぶのです。周囲の乗客は私を憎々しげに見ますし、学生たちが敬語を使うたびに、まるでヤクザの親分にでもなったような恥ずかしさを覚えました。そんな場面で敬語を使われるのはむしろ迷惑です。

4 日本語の敬語は複雑か？

ところで、日本語の敬語は複雑で難しいという人もいますが、ほんとうにそうでしょうか。たしかに、一つの事柄を言うのにもいろいろな言い回しがあって、多かれ少なかれそれらの言い回しは敬語表現に関わりますから、かなり難しいとは言えますが、さまざまな言い方があるのは日本語には限りません。また、後にも述べるように、最近の敬語表現は簡素化の道をたどっていますから、すくなくとも、基本的な形式に関する限り、日本語の敬語はむしろ単純だとも言えます。日本語の敬語が複雑だと思っているのは、案外日本人だけかも知れません。

英語の敬語

私が中国の大学に行っていた時、同じ大学にアメリカから派遣された英語教師がいましたが、その教師から、ある時、「君は失礼な英語を使う」と注意されて驚いたことがあります。確かに私は英語が不得手で、敬語表現などはとりわけ駄目だったのです。なるほど私は、例えば、

Please lend me this book.

のような言い方ですますことが多かったのです。それを相手は失礼だと感じたのだと思います。彼らにしてみれば、人にものを頼むのには、当然、

May I borrow ………?

Would you lend me ……?

Would you mind if I borrowed ………?

Can I borrow ………?

Could I borrow ……?

I wonder if I could borrow ………

Would it be all right if I borrowed ………?

など、たくさんの言い方（全部集めれば二十以上にはなると思います）があるわけでして、「please」程度ですませるのは失礼だと感じるのでしょう。私としてはまさに赤面の至りでありました。

その時、日本語では丁寧な言い方にはどのようなものがあるか、と尋ねられて、「細かい点では日本語の敬語はかなり複雑だが、基本的には、二つの言い方、つまり、相手の動作には〈お……になる〉、自分の動作には〈お……する〉という形にすればたいていの場合は大丈夫だ」と説明したところ、相手のアメリカ人は、「それは便利だ。それなら私にもすぐできるだろう」と言っていました。むろん、私はいくらかの誇張をまじえて簡単だと説明したのであり（詳しく説明するほど英語力がなかったので）、もちろん日本語の敬語は二つの言い方ですむほど単純ではありません。

さまざまな言い方

日本語の敬語が複雑に見えるのは、名詞・代名詞・動詞・形容詞など、たいていの言葉に応じた敬語表現がある、という点にもよりますが、何よりも、敬語動詞という特別な言葉が存在するためです。たしかに、「見る」ではなく「御覧になる」だとか、「食べる」ではなく「召しあがる」だとか言われると、ずいぶん面倒な言語だと感じられるでしょう。

しかし、そのような敬語動詞を数え上げても、

尊敬語……いらっしゃる（いる・行く・来る）
おいでになる（いる・行く・来る）
みえる（来る）
お越しになる（来る）

召す（着る・呼ぶ）
召しあがる（食う・飲む）
御覧になる（見る）
くださる（くれる）
おっしゃる（言う）
ご存知（知っている）　など。

謙譲語……参る（行く・来る）
うかがう（行く・来る・尋ねる・聞く）
申す・申しあげる（言う）
いただく（もらう・食う・飲む）
承る（聞く・承知する）
拝見する（見る）
さしあげる（やる）
存じる（知る・思う）
存じ上げる（知る）　など。

ほかに、一単語ではないが、お目にかかる（会う）、お目にかける（見せる）、お耳に入れる（話す・知らせる）、など。

のように、せいぜい二十数語程度です。そのくらいの敬語動詞があるからといって、複雑だと言うのは適当ではありますまい。その他の動詞はほとんど、

お（ご）……になる（尊敬表現）

お（ご）……する（謙譲表現）　＊……には動詞の連用形が入る。

という二つの言い方ですみますし、右に例示した敬語動詞の中にも、

おっしゃる　→　お話しになる

うかがう　→　お聞きする・お尋ねする

お目にかける　→　お見せする

などのように、「お……になる」「お……する」表現で言えるものがあります。英語が不得手で日本人の私には、前に例示したような英語の敬語表現のほうが複雑に感じます。

しかしまた、ここに示したのは文法的な敬語の形態のことでありまして、実際の言語生活では、さらに複雑な表現を使い分けています。例えば、飲み物（コーヒーや酒など）を相手に勧める場合の言い方には、

飲め　飲めよ　飲みな　飲みなよ　飲まない？　飲む？　飲むかい　飲まないの？　飲めば？　飲んだら？　飲んで　飲んでよ　お飲み　お飲みなさい　お飲みなさいよ　飲みま

すか？　飲みませんか　飲みましょう　飲みましょうよ　お飲みになる？　お飲みにならない？　お飲みになりませんか　お飲みください

召しあがれ　召しあがる？　召し上がりませんか　お召し上がりください

など、多様な言い方の中から選んで言うわけで、このように並べるとひどく面倒な印象を受けます。なにしろ敬語（尊敬語・丁寧語）の部分だけでも十数種類になりますから。これらをすべての動詞について暗記するのだとしたら、フランス語動詞の活用の多様さどころではない、という感想も出てくるでしょう。もちろん、実際には、このうちごく僅かの言い方を知っていれば、さほどの不便もないのですが……。

5　敬語の難しさ

「距離」を測る

敬語の難しさは、後にも例示しますが、常に相手との「距離」を測って使い分けるところにあります。しかもその「距離」が、先生と生徒、社長と社員、店員と客、というように「地位や立場の相違による距離」だけならば簡単なのですが、多くの場合は「心理的距離感」なので、一概には決められないのです。すなわち、ある人間関係、あるいは立場の相違なりに応じていつも決まった形が固定しているのならば、習得するのも容易なのですが、同じ相手に対しても、さまざまな状況の違いによって「心理的距離」の差異が生じ、敬語の使い分けが必要になるのです。しかも、その「心理的距離感」の中には、日本人特有のものもあるようです。したがって、日本語の敬語をマスターするには、日本人的感覚を持たなければならない、という結論にもなりますが、これはどこの国の言語でも同じです。言葉とは生活習慣そのものでもあるのです。

この本では、まず、敬語表現とはどのようなものかという点を、なるべく簡潔に解説します。敬語を使いこなすには、まず敬語のはたらきを認識することが必要だからです。その後に、敬語に関するいくつかの問題点を、アラカルトふうに取り上げていくことにします。学問的に敬語を整理して示すのではなく、日常の言葉遣いに関していくつか気づいていただければじゅうぶん、という形での説明を心がけます。

II

敬語はどのように使われているか

1　敬語の現代風定義

敬語とは？

ここで一つ確認しておきましょう。敬語とはほんとうに相手を敬う言葉なのでしょうか。以前は、例えば「目上の人などに対して敬う気持を表す表現」（尊敬語）とか、「自分や自分たちの動作をへりくだった言い方にする表現」（謙譲語）などという説明もよくなされていました。前に引用した中国人学生の話（敬語は封建時代のものであり、解放された中国では敬語はなくなった、という考え）も、彼らが敬語を身分制度に基づく言葉だと誤解している点に原因があったのです。

現代では、身分の高下などはもちろん存在しませんし、「価値」というものも多様化していますので、「偉い人」「敬うべき人」とは具体的にどういう人のことか、ということさえ、やや説明しにくくなっています。

学校で「私の尊敬する人」というのをあげさせたという資料が以前から時々紹介されますが、以前は、「野口秀世」「湯川秀樹」などがいわば定番という感じだったのですが、最近は「父」「母」などをあげる生徒も多くなったと聞きます。これが本心からならばたいへんいいことなのですが、いい子ぶっている（俗に言う格好をつけている）のかも、と疑いたくなることもあります。ともあれ、こうした調査の際に、教師の中には、「敬うべき人」の例に「先生」を加えるのにもさえためらいを覚える人もいるでしょう。しかしそういう気の弱い先生でも、生徒がまったく敬語を用いずに接してくると不愉快になるようです。

敬語とは何かを、ずばりと定義するのは案外面倒なことです。すくなくとも、「敬い」や「へりくだり」という説明があてはまらない場合も多くなっています。そのため私は、本書でもここまで敬語の定義はしないできました。しかし、いつまでももったいぶっているわけにはいきませんから、ここで私なりの定義をご披露します。

敬語のはたらきはさまざまですが、結局は次のような定義でほとんどの例が説明できる、と私は考えております。

敬語とは、隔たりの意識を表明する言葉である。

ここで言う「隔たり」とは、前にも述べたように、地位・立場・年齢などの相違による隔たりのほかに、心理的な隔たりの場合が多いのです。すなわち、話し手（書き手）が、相手や話題の人物との間にどの程度の隔たり意識（距離感）を持っているか、を示すのが敬語表現なのです。地位や立場の違いに基づく尊敬とか謙譲とかいう意識で用いられる場合も当然ありますが、それも一種の「隔たりの意識」にほかならないと言えましょう。生徒が先生に、社員が上司に、店員が客に、敬語を用いるのも、身分の高下という意識ではなく、立場の違いから、あまり親しげな口をきく相手ではないという意識がはたらく結果なのです。そのほか、実際に敬語が用いられている場面を取り出してみると、「隔たりの意識」という呼び方が最も適切であることがわかると思います。

なお、右の定義で「……表明する言葉」という表現を用いたのは、それがあくまでも話し手の意識を表したものである、ということを強調するためです。すなわち、どういう人に対してはどういう言葉を使うというように決まったものではなく、その人自身が相手（または話題の人）との距離をどの程度に測っているかを示すのが敬語表現なのです。

敬語意識のもと

⑴ 上下の関係

念のため、敬語意識（心理的な隔たりの意識）が生まれるのはどんな場合か、という点について、まとめておきますと、次のような場合になります。

ア　年齢が上の人に対して

イ　社会的地位が高いと認められる人に対して

ウ　会社などでの地位が上の人に対して

エ　学校や会社などでの「先輩」に対して

② 親疎の関係　ア　あまり親しくない人に対して
　　　　　　　イ　自分たちの集団に属していない人に対して
③ 立場の関係　ア　恩恵を受ける者が、恩恵を与える立場の者に対して
　　　　　　　イ　何かの許可などを求める者が、権限を持つ者に対して

なお、当然なことを一つ補いますと、右の①のア（年上）とエ（先輩）とは同じではないかとも思えますが、年齢が上だということと先輩ということとは、必ずしも同じではありません。大学などの場合は、高校での上級生が浪人を重ねているうちに後輩が先に入学してしまうこともあります。そういう場合でも、見ていると、年齢が上の下級生が、上級生に対して先輩としてふるまっております。が、他の学校から入学した者の間では、同じ年齢でも上級学年の人には、先輩としての待遇をし、同学年同士では、年齢がちがっても同輩としての言葉遣いをします。つまり、先輩・後輩というのは、両者が初めて接した場（学校でも会社でも）によって決まるもののようです。

それでは次に、敬語が用いられる場面を具体的に取り上げてみることにしましょう。

2　実際の例いくつか

①　久しぶりのクラス会

中学卒業後二十年たったのを機会に、卒業時の三クラスが合同で同窓会を開いた、というような場合、会場の受付では次のような会話がしばしばなされます。

A「すみません、ちょっとお尋ねしますが、城南中学校の同窓会場はこちらでございましょうか」

B「はい、さようでございます。失礼ですが、どなた様でいらっしゃいますか」

A「私は小林と申します。3年の時は1組におりました」

B「ああ、小林さんですね。どうも失礼いたしました。私は2組の平田です」

A「あ、やはりそうでしたか。そうではないかと思っていたのですが、どうも久しぶりでしたので……」

B「どうぞ中にお入りください。もう大勢おみえになっていますよ」

なんとも堅苦しい会話ですが、会が始まってからも、しばらくの間は次のような会話がみられることも多いのです。

A「今、どちらにお住まいですか」
B「横浜におります。小林さんは、たしか○○銀行にお勤めでしたね」
A「はい、去年浦和支店に移りました。平田さんは、家業をお継ぎになったのでしたかね」
B「ええ、相変わらず小さな工場を細々とやっておりますが、この不景気でしょう、さっぱりいけませんね」
ところが、次第に宴もたけなわになり、酒もまわってきますと、いつのまにか、次のようなやりとりが始まるようになります。
B「なあ、教室で暴れていてY先生に叱られた時さ、あの時おまえもいたよな」
A「そうそう、あれはおまえが張本人だったんだよな」
B「何を言うか。おまえだって相当なワルだったじゃないか」
A「ははは……。しかし、Yがあんなにおっかないとは思わなかったよなあ」
このように、同じ相手に対しても、初めのころと後とで言葉遣いが変わってきているのはなぜでしょうか。
兼好法師の書いた『徒然草』に、次のような一節があります。
隔てなく慣れぬる人も、程へて会ふは、はづかしからぬかは。

（すっかり親しくなっていた人でも、長い間離れていて久しぶりに会う時は、お互いに気がおけるものだ）

これはなかなかの名言ですね。兼好の人間観察はみごとなものだと言えましょう。

右にあげたクラス会の場面は、まさに兼好の言う通りの場面です。受付の場では二人ともひどく丁寧な話し方をしていますが、これは、人違いだったら困るからという配慮もあるでしょうが、まさに「程へて会」ったための遠慮があるからでして、会が始まってもしばらくは互いに丁寧な話し方をしています。ところが、宴もたけなわになるころには、すっかり昔の感覚が戻ってきて、相手との隔たりの意識がなくなり、中学時代と同じような言葉遣いになってくるのです。「Y先生」が「Y」になってしまうのも、Y先生に対する敬意がなくなったわけではなく、昔のような言い方（友達同士の会話の調子）が復活しただけのことです。

高校や大学は、いろいろな学校から集まってくる所なので、入学当初は同じクラスの人間にも敬語を用いて丁寧に話をしていますが、次第に敬語が減り、地方から来た人は方言も飛び出したりします。これも右の例と同じ意識の表れです。

② 子供を叱る

最近は、子供が親に対して敬語を用いることは少なくなりましたし、丁寧語さえあまりみられなくなったようです。それだけ親子の間が昔より近くなったのでしょうか。親子の断絶ということが社会問題にまでなることもしばしばなのですが、言葉の上では昔のほうが断絶していたと言えるかも知れません。むしろ、最近親子の問題が起きるのは、親も子も同じようにつきあうのがよいことだという先入観があって、そういういわば甘えた意思の疎通がうまくいかなくなったときに、親子関係の危機などと言われるのではないでしょうか。「地震・雷・火事」は相変わらず恐ろしいが、「親父」はもはや怖い存在ではなくなったようです。それでも、ときには「なんだ、その言い方は」などということが起こります。

ところで、親が子供に対して敬語を用いる場合があります。とくに母親に多いようです。次の例を考えてみましょう。

ア（ある日、母親が娘を呼びました）

「花子、早くおいで。できたわよ」

イ（別の日、母親が娘を呼びました）

「花子さん、ちょっといらっしゃい。そこにお座りなさい」

これはそれぞれどんな場面だと考えられますか。

右のアの場合は、例えば、母親がクッキーを焼いていて出来上がった時に娘を呼ぶ、というような場面が考えられます。こんなふうに呼ばれれば、娘は喜んで母親のいる所へ来るでしょうね。

しかし、イのように「ちょっといらっしゃい」などと敬語を使われては、娘はドキッとしますし、「そこにお座りなさい」などと言われたのでは、まずもって説教の一つもくらうことになりそうですから、逃げ出さないまでも相当に緊張して座るに違いありません。

つまり、右のイの場面は、母親が娘を叱ろうとして、その意識が娘との距離（隔たりの意識）を生み、改まった言葉遣いになったのです。

なお、念のために補えば、右のイを、子供を叱る場面と説明しましたが、もちろんそれだけとは限りません。例えば、大事な客が来ていて、その客に娘を紹介するために娘を呼ぶ場合などでも、イのような言葉遣いをします。それも、客の前という場によって、改まりの意識が生まれたためです。

また、叱る場面と客に紹介する場面との違いは、右のように字で書くと区別がつきませんが、実際に話される場合は、その時の母親の声の様子などで明確に違いが出ます。この点については、後に199ページで「声の表情」に関して述べる箇所でまた説明します。

③　議論や喧嘩

友だち同士でも、教室で意見を交換するような場合には互いに丁寧な言葉遣いをするのが常識でしょうが、それが議論になってもあまり変わりません。教室という場がすでに改まった場ですし、議論という場面がいっそう相手との隔たりの意識を助長しているのだと考えられます。

それでは喧嘩の場合はどうかといいますと、男子の喧嘩は、荒っぽい言葉をぶつけ合うというのが普通でしょうし、時には腕力勝負ということにもなりますが、女子同士の喧嘩は、時として敬語の使い合いということにもなります。例えば、ふだんは、

「ねえ、ちょっと100円貸してくれない?」

などと言っていた相手に対して、喧嘩になると、

「ええ、ええ、どうせあなたはご立派でいらっしゃいますわよ。」

などという敬語表現になったりします。こんな言い方で相手の胸をぐさりと刺すことがあるようです。敬語とは隔たりの意識を表明する言葉でありますから、敬語を用いることによって、相手を遠くへ押しやってしまうわけです。こうして、敬語は、相手を敬うどころか、相手を傷つける有効な道具にもなるのです。

敬語で喧嘩するのは、もちろん女性だけではありません。例えば、

「どうも私の考えた案が、お気に召さなかったようですね。」

などという言い方は、敬語を用いてはいますが、相手に対する皮肉であり、相手を非難する気持をこめた表現です。どうもこういう類の敬語はいやみなものですが、それなりの効果はあるようです。

夫婦喧嘩も敬語のよい例を提供します。夫婦の間ではふだんは敬語など用いないのが普通でしょ

うが、いざ喧嘩になると大変です。夫のほうは、たいていの場合大声で怒鳴るくらいがせいぜいですが、妻はもっと痛烈でして、

「あなたは……とでもおっしゃりたいのですか。」

などと皮肉たっぷりに応戦します。それでもこの程度ならばまだいいのですが、きわめつけは、

「実家に帰らせていただきます。」

という殺し文句です。もともと、〈大声〉と〈敬語〉との勝負では敬語のほうが優勢だろうと思いますが、この「実家に帰らせていただく」という最後通牒の前には、たいていの夫は平然とあぐらをかいてはいられない気分に追い込まれるようです。

因みに一つ雑談をはさみますと、江戸時代の川柳に、

里のない女房は井戸で怖がらせ

というのがあります。「実家に帰らせて……」は昔から夫に対する殺し文句だったようですが、何かの事情で帰る実家がない（実家に親がいないなど）女房は、井戸を覗き込んで夫を怖がらせる。夕暮れの薄暗がりの中で、じっと井戸を覗き込んでいる妻を見れば、夫は「おいおい、早まっちゃいけねえ。おれが悪かった。」などと妻をおさえることになりますから、「井戸」は敬語以上に強力な道具になったようです。しかし残念ながら（男にとっては幸いなことに）現在は飛び込める井戸のある家が少なくなりました。

なお、この「……せていただく」の表現については、かなり多様な意味を含む表現ですので、後にまた項を改めて取り上げることにします（118ページ）。

④ 留学生の悩み

外国人留学生は、きちんとした日本語を学んできていますから、留学した当初は、自己紹介などでも、例えば、

「私は河北大学から参りました王玉芝と申します。皆様、どうぞよろしくお願いいたします」

などとみごとな日本語で挨拶し、日本人学生をいたく感心させます。ところが、しばらくするうちに、留学生を悩ませるのが、ほかならぬ敬語の問題のようです。例えば、留学生が教師のところへ来て、自分は友だちから嫌われているようだと訴えるので、その事情を尋ねますと、敬語に関することが多いのです。つまり、留学生が、

「あなたは、松本教授の講義をお受けになりますか」

とか、

「あなたは、昼食をどこで召しあがりますか」

などという言葉遣いをするので、日本人学生はいやな顔をするのです。これも、敬語が「隔たりの意識を表明する言葉」であるということをよく表しています。いつまでも友人に対して敬語を用い

ていますと、相手も親しくつきあおうとはしなくなるわけです。私なりの観察によれば、留学生の日本語が上達したか否かを判断する一つのバロメーターは、敬語の有無です。友人との会話で敬語が消えていけば、それだけ日本語に慣れてきた証拠になるのです。

なお、外国人学生にとって、丁寧語の使い方も案外難しいようで、私が最も多く経験するのは、留学生が教師に対して、

「私の友人の○○さんは、私に、なぜあなたは黙っているのですか、自分の思ったことははっきり言ったほうがよいのです、というような忠告をしてくれますが、私は、私だってはっきり言いたいときはありますが、あまりはっきり言うのは相手の人に悪い感情を持たせてしまうのではないでしょうかと思います。」

などという話し方をすることです。これなども、前半は、直接話法を用いて（友人の言葉をそのまま引用して）話しているのだろうと評価すれば不適切とは言えない例ですが、やはり、「なぜ黙っているのか、……ほうがいいよと忠告してくれますが」という言い方に比べればやや不自然だと言えますし、とくに後半部分のように「……ではないでしょうかと思います」はいっそう不自然で、「……ではないかと思います」と言うべきでしょう。

あるいは、右にあげた例の前半の不適切さが、もっと程度のひどいものとしては、レポートなどの文章においても、

私は、このテーマで研究を進めていくうちに、なぜ、これまでの研究文献が少ないのですか、日本人はこのような問題は価値がないと思うのですか、というような疑問が生まれました。というように、文の途中で「……少ないのか、……思うのだろうか」と言うべきところに丁寧語を用いる留学生もかなり多いようです。

⑤　客と同僚

例えば、住宅建設の会社の営業担当者が、展示場で客に応接している場面で、次のような例も生まれます（もちろんこれは、あまり感心できない言葉遣いですが）。

（客に対して）こちらが、当社の基本的なプランでして、お客様のご要望に応じて部分的な変更はもちろん可能ですが、ここにお示ししている三つのパターンは、かなりコンパクトにまとまっていると自負しております。いかがでございましょうか。は？　二世帯同居でございますか？　どうも失礼いたしました。少々お待ちください。（後ろにいる同僚に向かって）ちょっと、そこの資料を持って来て。いやそっちじゃなく、右のほうに置いてあるやつ。そうそう。はい、ありがとう。（客に向かって）どうもお待たせいたしました。こちらが二世帯住宅の資料でございます。

これは、営業マンと客という立場から敬語を用いているのですが、同僚（自分たちの仲間）に話すときは敬語が消えている例です。ただし、客の前ですから、このように同僚に向かってぞんざいな言葉遣いをするのは感心しません。仲間うちであまりにうちとけた言葉遣いをすることは、客のほうが疎外された感じを持つ恐れもありますし、すくなくとも、客に対する敬語表現がわざとらしく聞こえてしまいます。

⑥ 電話の応対

電話は、相手の姿が見えないためか、親しい人の場合でも、ふだんよりも丁寧な、いわば他人行儀な言葉遣いになるようです。これも一種の隔たり意識と言えるでしょう。

私は古い人間ですから、電話を好みません。そのせいか、敬語との関係でいうと、目上の人（例えば自分の先生など）には、電話をかけるのは失礼だという感じをいつも持っています。学生から電話を受ければやむを得ず応対しますが、内心やや不愉快になっています。なぜなら、電話は、ベルが鳴っている間はどこからの電話かわからず、何をさておいても出なければならないので、相手の都合など無視した道具だと思っており、自分がかけるのにためらいを覚えるのです。出版社の編集部員などは、さすがに訓練がゆきとどいているようで、電話の場合でも、「今、お話ししてよろしいですか」とこちらの都合を確めてから用件に入りますが、最近は不動産業者や金融業者など、電話で商売を持ちかける会社が増え、そのほとんどが勝手にしゃべりまくるので、ますます電話嫌いが嵩じました。仕事の上で連絡が必要な会社等に対しても、できるだけファックスにしてほしいと頼んでいます。

ファックスは、相手の紙を使用するのですから、電話よりもっと失礼な道具だとも言えますが、自動的にプリントアウトされ、絶対命令のごとく相手を呼び出すことはありませんし、返事をすることも強要しません（相手の都合に任せます）。

さて、電話での言葉遣いに関しては、会社の新入社員教育ほど徹底している場はないでしょう。就職して真っ先に指導される事項が敬語です。敬語を上手に使えない社員は役に立たない者という烙印を押されます。その結果、後に取り上げるようなマニュアル敬語も生まれるのですが、社会人としての第一歩が敬語の学習だということは、人間関係を最重要視する日本的社会構造の象徴とも言えましょう。

3　敬語の使い分け

それでは、初めに、最も基礎的な点を、問題の形で提出してみます。

基本的な使い分け

会社で、鈴木課長に電話がかかってきたが、あいにく鈴木課長は席にいない。その時、応対に出た社員はどのように言うのがよいでしょうか。次の二つの場合について、返事（鈴木課長がいないことを相手に告げる）を考えてみましょう。

ア　相手が得意先の会社であった場合

イ　相手が鈴木課長の友人であった場合

敬語の使い分けに関して、よく問題になるのは、「ウチ」と「ソト」という考え方です。つまり、「心理的に身内の人間＝ウチ」か「外部の人間＝ソト」かという点です。ここで言う「身内」とは、親族ということだけではなく、自分たちの側に属する人のことですから、その判断が時には難しい場合もあるのです。そして、「ウチの人間には敬語を用いない」という原則があります。最も簡単な例では、

「お父様はご在宅ですか」

と訊かれたときに、

「お父さんはいません（外出しています）」

などと答えるのは誤りとされており、

「父は今外出しております」

のように答えるのが礼儀だということになります。また、例えば母親からの用件を先生に伝える、

という場合には、

「母が……と申しております」

「母が後日おうかがいするそうです」

というような言い方にする必要があります。

さて、初めにあげた例題の場合、ア（相手が得意先の会社）は、鈴木課長はウチで、電話の相手がソト、という関係にあると思われますから、「ウチの人間には敬語を用いない」という原則を貫いて、

「鈴木はただいま席をはずしております」

と答えます。自分の上司であっても、取引先の会社に対しては「鈴木」と呼びます。

ところが、イ（相手が鈴木課長の友人）は、相手と鈴木課長との関係のほうが、自分と鈴木課長との関係よりも深い（つまり相手がウチで自分がソト）と考えたほうがよいと思われる場面ですから、

「鈴木さん（鈴木課長）は、ただいま席をはずしていらっしゃいます」

と答えるのがよい、ということになります。

なお、ここで示した「席をはずしている」という言い方については、日本語表現の一つの特徴として、後に177ページで、評価語を用いる会話ということを取り上げる箇所で説明を補います。

電話の失敗例を初めに紹介しておきます。会社で、山本課長に電話がかかってきた、という場面で、

相手を確認する

申し訳ございません。山本はただ今ちょっと席をはずしております。戻りましたらすぐに連絡させますので、そちら様の電話番号をお知らせ願えませんか。

と応対したら、相手は山本夫人だった、というような場合は、まことに具合が悪く、社員はすっかりどぎまぎしてしまいます。これが電話の恐ろしさです。しかし、この解決策は簡単で、電話を受けた際に、まず相手がどういう人なのかを確めることです。もともと、電話をかけるときはまず自分の名を告げるのが礼儀ですが、名を言わずに電話してくる人もおり、そういう人はたいてい要注意だと考えたほうがいいようです。

ウチかソトか

この「ウチ・ソト」については、どう考えるべきか迷う場合もしばしばあります。例えば、講演会を計画して講師の先生を招いた、という場合ですが、先生の教え子だったAさん（ただし話し手には先輩にあたる人）が会場での案内をする、ということを先生に伝えるにはどうしたらよいでしょうか。二つの言い方が考えられます。

ア　先生、会場にはAがご案内いたします。

イ　先生、会場にはAさんが案内されるそうです。

アは、Aさんも自分たち主催者の一員（つまりウチ）だという意識によるものですが、場合によっては、先生とAさんとの関係のほうが近いと考えれば、イのほうが適切だということになります。

官庁というところは、官僚相互の地位の上下がかなり厳しい所らしく、ある時、学習指導要領の作成協力者委員会の席上、係の事務官（教科調査官）が、

では初めに、○○高校教育課長のご挨拶をいただきます。

と言いました。文部事務官ならば課長の「ご挨拶をいただ」いてもよいでしょうが、文部省から委嘱された委員たちにまでいただかせるのは、やはり感心しません。調査官は、委員会の司会を務めてはいますが、あくまでも文部省側の人間として、事務取りまとめの役目にあるわけですから、高校課長を自分たち文部官僚の一員（つまりウチ）と扱って、

では初めに、○○高校教育課長からご挨拶申し上げます。

と言うのが「筋を通した」言い方でしょう。

また、会社などでたびたび問題になるケースとしては、例えば、営業部の部長が総務部の部屋に入って来て、「総務部長はどこに行ったか」と尋ねたとき、総務部の社員はどう答えるか、少々迷うところです。すなわち、先ほど取引先からの電話の場合を例にした形と同じように考えれば、

部長は今開発会議に出ております。

と答えるべきでしょう。これが正しい敬語の用い方です。しかし、部屋の中に課長やそのほかの人

たちがいる場合は、部長の行動に対して敬語を用いないことには多少気がひけることもあるでしょうから、

部長は今開発会議に出ていらっしゃいます。

というような答え方をするのも自然だ（必ずしも誤りとは断定できない）と言えるだろうと思います。この点は、認めるか否かの議論がだいぶ以前からあるところです。

なお、この表現（敬語表現を用いるべき人が複数存在する場合の言い方）については、敬語の用法の中でも最も難しい事柄でもありますので、後に「二方面への敬語」として改めて説明することにします（163ページ）。

もう一つ例を加えますと、敬語を用いるべきか否か、かなり迷うこともあります。先程例示した文部省内の会議では、課長を紹介するのに敬語を用いるのはよくないと書きましたが、学校のPTA（父母会）の総会が開かれたというような場合、司会を務めているPTA役員が、

①　初めに、○○会長がご挨拶を申し上げます。

②　初めに、○○会長のご挨拶をいただきます。

のいずれの表現を用いるか、微妙なところです。司会者の役員は、総会を開催した会長と同じ側に立つ人間ですから、①のほうが礼儀にかなった言い方である、とも言えますが、父母仲間としては、○○氏を会長に選出した以上、ある程度の敬意をこめた待遇をするのもまた礼儀だと言えましょう

から、②も捨てがたい思いがあります。
こういう場合に便利な表現があります。それは、「ご……だ」「ご……がある」の形です。この「だ」「がある」を「ございます」系統の言い方にすれば、さらに丁寧な言葉遣いになりますから、これでたいていの場合は大丈夫です。すなわち、次のように言えばよいことになります（84ページ参照）。

初めに、○○会長のご挨拶でございます。
初めに、○○会長のご挨拶がございます。

ウチとソトの変形？

学校や病院などは、「ウチ・ソト」の感覚が会社などとはかなり違うように見受けられます。そのため、電話の応対が会社とは違うことが多いようです。例えば、校長先生に用事があって電話すると、

校長先生は、今日はご出張になっていらっしゃいます。

というような返答が返ってくることが多く、会社流の、

校長は本日出張しております。

という応答のほうが少ないように思われます。校長先生以外の先生の場合でも、

村田先生は今お授業中です。

という返答を聞くことがよくあります。事務の人だけではなく、教師同士でも日頃から互いに「先生」

と呼んでいるために、外部の人に対してもそれが出るのでしょう。病院でも医師はどのような人からも(同僚からも)「先生」と呼ばれますから、ウチ・ソトは関係なくなります。医師の自宅を訪ねて、奥様から、

先生は今出かけております。

と言われたという例もあります。医師は妻からも「先生」と呼ばれるのでしょうか。

また、これは敬語とは一応別の話ですが、学校は、外部の社会とはかなり隔絶した場所なのかも知れないと思うことがあります。それは、学校の中では常識になっている言葉が、外部の人にはわかりにくいはずなのに、それがごくふつうの言い方だと錯覚する傾向がたまにみられることです。例えば、「トッカツ」「ネンケイ」という言葉を聞いて、それが「特別教育活動」「年間指導計画」のことだと理解できるのは、教師だけでしょう。

学校内スラング

これらは、いわば学校内スラングと名づけてもよいくらいの言葉ですから、外部の人と話をする場合には、こうした用語を用いるのは、むしろ失礼にあたります。これは学校だけではありません。自分たちの仲間だけで通用する用語は、外部の人にはつとめて使わないようにする必要があります。

私は仮にも教師ですが、小・中学校については知らない点も多いため、昔、とんだ笑い話を経験したことがあります。ある小学校の先生に連絡したい用件があって、電話したところ、次のような

やりとりになってしまいました。

私　「お手数ですが、杉山先生がいらっしゃいましたら、お取次ぎ願いたいのですが」

職員「杉山先生は現在キュウショク中です」

私　「は？　休職ですか。いやそれは知りませんでした。杉山先生はいつから休職なのでしょうか」

職員「今キュウショク中なのです」

私　「そうですか。実は、学会の仕事で杉山先生にご連絡したいことがあったのですが……。それで、杉山先生はいつごろお戻りになる予定かおわかりになりますか？」

職員「もう三十分もすれば戻ると思いますが」

私　「は？？？……　ああ、あの、お昼を食べる給食なのですか」

職員「はい、キュウショクです」

小学生のころは私も「給食」を受けていたのですが、何十年もたつうちに、「キュウショク」が「給食」のことだということをすっかり失念していたのです。それにしても、「キュウショクチュウ（給食中）」はひどいのではないかと恨みました。「キュウショクシドウチュウ（給食指導中）」ならば、いくら私でも間違えはしなかったはずです。

携帯電話の用語

携帯電話の普及は、電話のイメージを大きく変えたように思われます。

携帯電話が登場した初期のころは、まるでステータスシンボルのごとく扱われており、電車の中で、あるいは道を歩きながら、大声で得意になって電話している人をよく見かけました。刑事ドラマの刑事ではあるまいに、歩きながら電話するほど切迫した仕事をしているわけでもなかろう、と周囲の人々の顰蹙を買うことも多かったはずです。しかし最近では、普及しただけに特殊な道具ではなくなりましたし、得意げに携帯電話を使う人もいなくなりました。それにつれて、電話の会話にも変化が生じたのも事実です。

第一には、簡便さゆえに、日常会話の感覚で話をする道具になったという点です。とくに、高校生や大学生たちは、親しい友人との間で携帯電話による会話を楽しんでいますから、電話に対して改まった意識などまったくありません。まして、テレビ電話のような機能がついてきますと、相手の顔が見えないという緊張感もなくなります。また、個人が持つ携帯電話ですから、初めから特定の相手との連絡であり、ほかの人が電話に出るという可能性がありません。したがって、誰かを呼び出すよう依頼するという場面もないのです。つまり、初めから隔たりの意識はない状態で会話が始まるのです。

さらには、今は携帯電話がメール中心の道具になりました。電車の中では奇妙な風景をいつも目にします。電車に乗るなり携帯電話を出して、親指を激しく動かすのです。同じ制服の高校生二人が並んで腰掛けているのに、会話もかわさず、それぞれメールに熱中している姿も珍しくありません。

しかも、図々しく覗き込みますと、言葉は簡単で、「かっこいい」「やったあ」「にこにこ」などという類が多く、そこに〈ハートの形〉や〈笑顔〉などの「絵文字」が頻繁に出ています。こうしてみると、携帯メールの形式は、簡単な表現のやりとりが主になっているのかも知れません。もちろん敬語などはまったく見られないのです。このように電話を用いる習慣がついてしまいますと、会社などできちんとした電話の応対を必要とする場におかれても、上品で丁寧な言葉遣いをすることが、いっそう難しくなるかも知れません。

祖父はソトか？

雑談をまた。学生の用語を聞いていると、ウチ・ソトに関しても多少の変化が起きているのかも知れないと思うことがあります。大学生ともなればさすがに「お父さん」「お母さん」と言う者はいない（「父」「母」と言う）のですが、先日、

亡くなった田舎のおじいちゃんから聞いた話なのですが、……

と言った女子学生がおり、さほど不自然には聞こえませんでした。たぶん、家でふつうに呼んでいた言い方が出たのだろうと思いました。電車の中で若いサラリーマンが、

女房のお父さんが突然うちへたずねて来て……。

と言っているのを耳にしました。これも同様であって、一緒に生活していない人の場合は「ウチ」の意識が薄いのであろうと考えられます。折をみて学生たちの実態を調査してみたいと思いますが、「父・母」と「おじさん・おばさん」あるいは「おじいちゃん・おばあちゃん」とでは若干違うのかも知れません。

4　敬語の種類

敬語とは「隔たりの意識を表明する言葉」であるというように私は定義しましたが、読者の皆さんは、学校などで、敬語を、尊敬語・謙譲語・丁寧語という形での知識を得ていると思いますので、そのような用語を使って、敬語の種類について、一応の整理をしておきます。

尊敬語・謙譲語・丁寧語の三つに分類する方法は、昔から広く用いられてきましたが、現在ではもう少し細かく吟味して分類する方法が一般的になってきました。その一つとして、北原保雄氏が諸説を整理した形で述べているものがわかりやすいので、次に紹介しておきます（『表現文法の方法』）。

A　素材敬語　（話の素材の人物を尊敬するもの）

1　動作主尊敬語　　動作主への敬意を表す

2　対象尊敬語

（例）先生がいらっしゃる。
　太郎さんが本をお読みになる。
動作の対象（受け手）への敬意を表す
（例）太郎が先生をお招きする。
　次郎が花子さんにお土産をさしあげる。

3　謙譲語（動作主謙譲語）　いわゆるへりくだり
（例）おじさんから本をいただいた。
　旅先で会った人に写真を送っていただいた。

B　対者敬語（情報を受け入れる聞き手を尊敬するもの）
1　丁寧語　聞き手への敬意を表す（「です」「ます」）
2　丁重語　事柄の表現を通じて、聞き手への敬意を表す（「いたす」「まいる」「存じる」など）
3　美化語　素材を美化して表現する言葉

右のAの2と3、およびBの2は、学校では従来「謙譲語」と呼んできたものですが、右ではそれらをもう少し細かく区別しています。また、菊地康人氏は次のようにまとめています（『敬語』）。

敬　語

話題の敬語
　尊敬語
　謙譲語A　（いわゆる対象尊敬語のこと）
対話の敬語
　丁寧語
話題・対話の両面をもつもの
　謙譲語B　（いたす・まいる・申す・存じる）
　謙譲語Bの丁重語用法
準敬語
　改まり語
　美化語

本書では、学問的に敬語を分類するのが目的ではありませんから、なるべく、広く使われてきた従来の呼び名（尊敬語・謙譲語・丁寧語）を用いるようにします。ほかの場合でも、できるだけ文法用語は用いないように心がけます。その結果、学問的にはいささか厳密さに欠ける点も出てくるかと思いますが、それはご容赦願います。基本的には、次のような程度に考えて説明することになります。

話題の敬語　尊敬語（動作主尊敬）
　　　　　　謙譲語（対象尊敬）
対話の敬語　謙遜語（いわゆる謙譲語Bあるいは丁重語）
　　　　　　丁寧語（聞き手尊敬）
美化語

なお、説明の過程で「敬意」という言葉を用いることも多くなりますが、あくまでも説明の手段として用いるのであって、文字通り「尊敬する気持」という場合には限りません。

「敬意」とは「隔たりの意識」の一つなのですが、説明を簡単にするためにこの言葉を用います。少しずれた例で恐縮ですが、「敬遠」という言葉は、一般語でも野球用語でも使われます。野球で言えば、敬遠の四球とは、その打者の能力をじゅうぶん認めた上で、長打を打たれるよりは単打と同じ扱いの四球を与えるほうが有利だと判断して勝負を避ける（あるいは、ヒットを打たれると得点が入るので、四球を与えて勝負を避ける）ことであり、その打者を心から尊敬しているわけでもないでしょう。一般語としても「敬遠」には、尊敬という意味より「遠ざける」意味のほうが強いのです。本書の説明で用いる「敬意」という言葉も、例えば、

Aさんに申し上げる。

の「申し上げる」は、Aさんに対する「隔たりの意識」ですが、これを、「Aさんへの敬意」、

すぐ帰ると申しました。

の「申す」は、聞き手を意識したもので、これを「聞き手への敬意」というように説明することが多くなるかも知れません。その程度の意味での「敬意」です。

5 「美化語」と呼ばれる言葉

敬語表現には、右に述べたように、尊敬語・謙譲語・丁寧語と呼ばれるもののほかに、「美化語」と呼ばれるものがあります。それは例えば、幼稚園の先生が、

お椅子・お住まい

これからお絵かきをします。お椅子を持って集まってください。

のように、「絵・椅子」に「お」をつける言い方ですが、おかしいと言われながらも、広く用いられている言葉遣いであり、ほかにも、

おやつの時間ですから、お菓子を食べましょう。

とか、

私は今、横浜までお勤めにでかけております。

昨日からお休みしています。

お静かで、結構なお住まいですこと。

などです。これらは物言いを美しく上品にしようという意識から生まれた言い方で、おもに女性が使う言葉ですが、最近では男性も使うようになったものもあります。

それでは、初めに、「お」や「ご」のつく言葉について、いくつか例をあげてみましょう。

「お」のつく言葉について

a　女性語に多く、男性語にはあまり見られないもの

お蒲団、お花、お買い物、お洋服、お財布、など。

b　最近は男でも使う人がふえてきたもの

お茶碗、お膳、お菓子、お茶、お辞儀、お通夜、お盆、など。

c　次のようなものは「お」のつけ過ぎで、よくない例です。

お大根、おビール、おジュース、お紅茶、お注射、お外、など。

d　中には美化語にならない言葉もあります。次のようなものは「お」がつきません。

ラーメン、スカート、戸棚、自転車、携帯電話、など。

e　必ず「お」がつき、「お」を除くと意味をなさないもの。したがって、これらは、言葉の成立としては「お」がついたものと言えますが、すでに固定した一語であり、美化語とは呼ばな

いのがふつうです。

おでん、おやつ、おはじき、おしめ、おでき、おせっかい、お化け、など。

f「お」を除くと別の意味になるもの。これも美化語には数えません。

おひや（水。「ひや」は冷たい酒）、おにぎり（握り飯。「にぎり」は寿司など）、お代わり（ご飯などの追加。「代わり」は代用・代役など）、おしゃれ（化粧。「しゃれ」は洒落）、おしぼり（手を拭くタオル。「しぼり」はしぼること、または、絞り染め、カメラの機能）など。

東京にある「お茶の水女子大学」は、学校名に「お」をつけて威張っているから、同じように国立の女子大学である「奈良女子大学」にも「お」をつけたほうがいい、という笑い話があります。何にでも「お」をつければ丁寧になるわけでも美しくなるわけでもありません（これは、江戸時代にも似たような笑話があるのを盗用したものです）。

最後に、「お・ご」をつけてもよい場合というのをまとめておきましょう。これには、敬語と美化語との両方を含みます。

① 相手の所有物や考えを表す場合　　お帽子、ご意見、など。

② 敬意を示す場合　　（先生の）お話、（先生の）ご出席、など。

③ 慣用的な表現として広まっている場合　　お茶碗、お菓子、ご飯、など。

④　相手に関わる自分の行動の場合

お礼を申し上げます
お手紙をさしあげます
ご遠慮いたします
ご報告をいたします　など。

因みに、「お」と「ご」については、一般に、和語には「お」、漢語には「ご」がつくと言われます。例えば次のように。

お知らせ・ご通知　お考え・ご意見　おつとめ・ご勤務　お教え・ご教示

ただし、漢語にも「お」がつく例が、とくに女性語には多く見られます。

お食事、お弁当、お電話、お料理、お豆腐、お砂糖、など。

一方、和語で「ご」がつく例は、「ごゆっくり」「ごもっとも」など、かなり少ないようです。

なお、右にあげた例に関して少々補いますと、まず、①の「相手の所有物」というものには、次のようなものも含まれます。

お孫さんがお生まれになったそうで、おめでとうございます。

これは、「お孫さん」「お生まれになった」と、いずれも「孫」に尊敬表現を用いていますが、話し手の意識としては、孫に敬意を払ったというのではなく、その子の祖父母への敬意を示したものであり、これも広い意味で「相手の所有物」への敬意と言えます。

また、④であげた例に関しては、「お礼を」「ご報告を」の「を」がない形、つまり「お礼申し上げます」「ご報告いたします」は「お……する」をさらに丁寧な言い方にしたものであり、敬語表現（謙譲語）が重なっていますが、慣用的に用いられている表現です。また、「お届け物」などは、「お届けする物」という謙譲表現がもとになっていますが、一種の丁寧語になっています。

6　敬語を使えないとこんなに困る

人格判断の基準

冒頭部分でも少し述べましたが、社会生活の中で言葉遣いが問題になる場面というのは、そのほとんどが敬語に関するものです。人間関係をよくするのも悪くするのも敬語次第だとも言えましょう。商売上の取引先などとのやりとりで相手の心象を害したりすると直接利害に関わってきますし、教養の程度が現れるのも敬語ですから、敬語が使えないと一人前の人間とはみなされないことにもなります。

人とのつきあいというのは、常に相手の人物を評価し合うことでもあるわけですが、その評価基準の大半は言葉遣いにあります。「あいつは言葉の使い方も知らない」という批判は、人格・教養などを含めたその人のすべてを否定することにもつながるのです。しかも、繰り返しになりますが、「言葉遣いを知らない」という批判のほとんどが、敬語の使い方を知らないという場合になされる批判なのです。極論すれば、言葉の使い方とは敬語の使い方だということになります。

敬語の役割の一つに、「品位・品格の保持」という点があげられます。敬語はおのれの品位を保つためにも重要なはたらきをしているのです。

松尾芭蕉の句に「もの言えば唇寒し秋の風」というのがあります。これは他人の悪口など余計なことを言って後悔する心情を述べた句ですが、敬語の使い方を誤った場合もひどく気になるもので「唇寒い」思いをすることも多いことでしょう。

しかも、敬語の問題には、恐ろしい点があります。話を聞く側の人は、仮に相手が誤った敬語を用いても、その場では直しにくいし、相手に注意することもあまりありません。黙っていて心の中でひそかに軽蔑する、というのがふつうのようです。平成十三年に行われた文化庁の世論調査をみても、「職場で言葉遣いについて注意を受けたことがあるか」という質問に対して、「ない」と回答した人が八一・六％だったといいます。会社は言葉遣いに厳しい所だろうと想像していた私には意外にさえ感じる数字でした。会社でも、部下の言葉遣いに注意を与える上司は少ないのかも知れません。したがって、言葉遣いというものは、自分で気をつけるしかないのです。

因みに、日本人が敬語に対してどのような意識を持っているか、という点に関して、平成七年の調査（文化庁による国語に関する世論調査）によると、

相手や場面によって使い分けるほうがよい

と回答した人が、七八・三％であったそうで、しかも、三十歳以下の人では九〇％近くがそう答えているそうです。また、

敬語を使いたいと思うが、じゅうぶんに使えていない

と回答した人が、四二％を超えていたとのことです。

これは、形を変えた調査でも似たような結果が出るようで、平成十四年の文化庁調査（日本人の国語力）でも、「国語力の問題点」として回答されたものの順位が次のようになっています。

第一位　文章構成能力　三六・〇％
第二位　敬語等の知識　三五・三％

また、「自信が持てない点」としては、上位に次のような項目があがっていました。

1　文章構成能力　三六・一％
2　説明・発表の能力　三〇・六％
3　漢字や仮名遣い　二七・四％
4　敬語等の知識　二一・九％

このような調査結果を見ると、日本人の多くが敬語の必要性を認めており、しかも自信がないと感じている人が多いということがわかります。それはやはり、日常の生活の中で、敬語の使い方が問題になる場面を多く経験していることの表れであると言えましょう。

7　現代敬語の使い方の基準

敬語の使い方の基準としては、昭和二十七年に国語審議会が建議した「これからの敬語」があり、教育界では現在まで一応の基準になっています。

「これからの敬語」

かなり古いものであり、現代の感覚とは少々ずれる点もみられるのですが、初めに掲げられた「基本の方針」は今でも通用すると思われますので、その要点のみ引用しておきます。

①　できるだけ平明・簡素な敬語表現を心がける。
②　上下関係ではなく、各人の基本的人権を尊重する相互尊敬の立場から用いる。
③　女性語で必要以上に「お」をつけることなどは、改めることが望ましい。
④　商業方面で、尊敬語や謙譲語の使い過ぎが見られるのは、戒むべきことである。

この本で私が説明することも、右の「基本の方針」と共通する点が多くなると思われますが、ここでは、最も重要な、心がけの点のみを強調しておきましょう。敬語は、何よりも、使う人の心のはたらき、気配りというものが根底になければなりません。言葉の使い方を練習することも必要ですが、その前に、相手を尊重する態度や、相手への思いやりがなければならないのです（この点は前に3・23ページのところでも少しふれました）。

なお、最近のものとして、国語審議会が平成十二年十二月八日に出した答申（「現代における敬意表現」）の中から、とくに注目したい記述をいくつか引用しておきます。

＊　様々な表現の選択肢の中からどれを選ぶかによって、話し手がどのような人間であるかということが、その人らしさとして表れる。

＊　敬意表現にかかわる配慮の種類には、人間関係に対する配慮、場面に対する配慮、内容に関する配慮があり、それに加えて相手の気持ちに対する配慮や自分らしさを表すための配慮もある。

＊　言葉遣いによって、話し手が話し相手や周囲の人との人間関係をどのようにとらえているか。話し手が自分自身をどのような立場や役割の者としてとらえているかなどが表れてしまう。

また、「敬意表現の働き」と題して、次の六つの働きを列挙しています。

・相手との立場や役割の異同を示す。
・相手との関係が親しいか否かを示す。
・場面が改まっているか否かを示す。
・伝える内容の性格を示す。
・相手の気持や状況に応じて思いやりを示す。
・自分らしさを示す。

慇懃無礼

「慇懃無礼」という言葉がありますね。言葉は丁重でも相手を見下したり非難したりする態度が感じられる場合をいうのであり、これは敬語がかえって相手を傷つける例の一つです。

この種の言葉遣いは、自分が相手より上品だということを誇示する目的で敬語を用いているのであり、どれをとってもいやみなものになりますから、いっそのこと、思いきりいやみな例を想定してみましょう。例えば次のようなものはいかがでしょう。

まあ、これが先日デパートで展示即売会を開いていた時の絵でございますか。ああいうところでは手軽にお買いになれるので、ようございますわね。私どもでは、主人が大学で美学を担当しておりますので、画家の方もよく訪ねておいでになって、作品をくださることもたびたびでございましょう。いただくのはよいのですが、飾る場所に苦労することも多いのでございますよ。次にお見えになったときに飾っていないのではがっかりなさるだろうと思いますし、ほんとうに、気を使いますわ。

こんな具合に言われたら、「どうせこちらは、清水の舞台から飛び降りる気持で色紙一枚買っただけだよ」とひがみたくなります。いやですねえ。

43ページで述べたような、相手への皮肉・揶揄の意味で用いられる敬語表現も、慇懃無礼の一つに数えてよいかと思われます。

調子にのって、もう一つ例を想定してみます。

どうも朝早くから申し訳ございません。私などがお電話するのは失礼かと存じますが、社のほうからご連絡するようにと申しつけられておりますので、まことに申し訳ございません。実は、緊急にご連絡申し上げたい件がございまして、昨日の午後から何度もお電話しておりまして、夕刻にも退社直前にお電話したのですが、お留守だったようですので、今朝こんなに早くお電話することになりました。

これほどしつこく言われたら、敬語表現までが皮肉に聞こえて、「ああそう、留守で悪かったね」と居直りたくなります。

言葉以外の要素

また、スーパー（スーパーマーケット）やコンビニ（コンビニエンスストア）などで時折見かける例ですが、忙しいからといっても、横や下を向いて別の仕事をしながら「いらっしゃいませ、こんにちは」などと決まり文句を言われても、客のほうは、いい加減にあしらわれたような印象を持つでしょう。敬語を用いていても早口でおざなりに言うのではかえって逆効果にもなります。これは手紙などでも同様でして、いくら言葉遣いを丁寧にしても、乱暴な字でなぐり書きをしたのでは、心が通じることはありません。字の上手・下手はある程度しかたがないとしても、心を込めて書いた字ならば必ず相手にもわかります。

さらには、気配りの一言を添える、という点も大切です。ある老人が、「うちの嫁はまるで犬にでも与えるように食事を出す」と言って愚痴をこぼしている例があったそうです。おそらく、その家では、「はい、ごはんですよ」などの言い方ばかりしていたのでしょう。時には、「遅くなりました」とか、「庭に出ていた茗荷を摘んで刻み入れてみました」とか、一言を添えるだけで、ずいぶん印象が違ってくるのでして、そういうちょっとした気配りが人間関係では重要なことになるのです。

さてそれでは、章を改めて、具体的な敬語の用法について、問題になりそうな点をいくつか、私なりに選んで取り上げてみましょう。この本は、敬語の体系を網羅するテキストではなく、敬語のはたらきに気づいていただくのが主目的ですから、以下の章も、アラカルト風にいくつかの点を扱うことになります。

Ⅲ　敬語を使いこなす（敬語アラカルト）

1　尊敬語の用法

初めに、基本的な事柄をひととおりまとめておきます。少々味気ない一覧表になりますが、概要をあげておきましょう。

基本的な形

1　動詞に関する尊敬語

a　特定の動詞（敬語動詞）

いらっしゃる　御覧になる　など（27ページ参照）。

b　「お（ご）……になる」の形

お読みになる　ご利用になる　など。

原則として、和語には「お……になる」が、漢語には「ご……になる」が用いられます。

ただし、この形をとれない動詞もかなりあります。

例えば、よくない意味内容を持つ語で、次のようなものには、「お（ご）……になる」の形がありません。

つぶれる　ぼける　怠ける　盗む　殺す　くたびれる　なぐる

失敗する　倒産する

これらは、もともと敬語表現を用いる場があまりないからかと考えられます。

c　「れる・られる」をつける

書かれる　運転される　など。

例えば「運転する」のように、「ご……になる」の形が作りにくい動詞でも「れる・られる」は使えますから、便利だとも言えるのですが、その一方で、可能・受身などの表現と紛れる恐れもありますので、あまり多用しないほうがよいと思います（110ページ参照）。

d　「なさる」の形

卒業なさる　メモなさる　など。

これも、「れる・られる」と同様に、便利な言い方です。漢語や外来語の場合はほとんどこの言い方ができます。ただし、補助動詞として用いる例、例えば、

お書きなさる　おいでなさる

などは、方言にはかなり見られるようですが、共通語の敬語としてはあまり推奨できません（112ページ参照）。

2　形容詞・形容動詞の場合

a　「お」「ご」をつける

お忙しい　お若い　お好きだ　ご丈夫だ　ご熱心だ　など。

これも、動詞の場合と同じように、原則として、和語には「お」、漢語には「ご」がつきます。

b 「……て（で）いらっしゃる」の形

大きくていらっしゃる　まじめでいらっしゃる　など。

3 名詞の場合

「お」「ご」をつけます。

お名前　お考え　ご意見　ご住所

やはり和語は「お」、漢語は「ご」です。

＊手紙・文書では「貴・高・賢・尊・芳・令」などをつけます。その場合、「貴」以外は、前に「ご」をつけるのがふつうです。ただし、最近では、あまりこの種の言い方をしないほうが好もしい、という人も多くなりました。

貴社　ご高著　ご賢察　ご尊家　ご芳名　ご令室　など。

簡単な規則

右のように列挙しますと、なんだか面倒な感じを持つ人もいるでしょうが、簡単に言えば、次のような使い分けでほぼじゅうぶんだということになります。

＊「する」や「漢語＋する」の形の動詞は、「……なさる」にする。「なさる」は可能な限り「な

さいます」の形にする。

説明なさいます　出席なさいますか　参加なさっていかがですか　など。

＊その他の動詞は、「お（ご）……になる」の形を用いる。

複合動詞・可能動詞の敬語

また、複合動詞（二つの動詞が重なった言葉）は、そのままでは「お（ご）……になる」の形が作れないのがふつうです。

書き始める、食べ終える、成りあがる、など。

したがって、例えば「書き始める」ならば、「お書き始めになる」ではなく、

お書きになり始める

という形にするのがよいでしょう。次の「食べ終える」はどうでしょうか。どうもうまく尊敬表現にはならないようです。「お食べ終えになる」も「お食べになり終える」も、あまり適切とは言えません。これはもはやあきらめるしかないかとも思います。例えば、どうしても「食べ終えたか」と聞くのならば、

もう召し上がりましたか。

くらいで逃げるしか手はないようです。また、その次の「成りあがる」は駄目です。これは前にも述べた「よくない意味」（敬語表現を用いる場がない）の例だと思われます。

なお、これも一般的にはそう言えるというだけのことでありまして、複合動詞でも、そのまま「お（ご）……になる」が作れるものもあります。例えば次のようなものです。

取り寄せる　↓　お取り寄せになる

しかし、「読み進める」などは、「お読み進めになる」も「お読みになり進める」も言えません。ときにはこのような例もあります。なお、先ほどの「食べ終える」も同じですが、このようにどうにもならないものについては、

読み進められる

という「れる・られる」を用いるほかはないようです。

可能動詞もそのままでは「お（ご）……になる」の形が作れません。例えば、

先生は中国語が読める。

の尊敬表現は、「お読めになる」（お嫁になる？）ではなくて、

先生は中国語がお読みになれる。

の形にするのがよいのですし、「書ける」も「お書きになれる」です。同様に、「出席できる」は「ご出席になれる」で、「何でも食べられる」は「何でも召しあがれる」です。

つまり、可能動詞の場合は、〈その動詞の尊敬表現を作ってから、可能表現にするのがよい〉という規則が作れます。

慣用句の尊敬表現

慣用表現の中には、尊敬表現が作りにくいものもかなりあります。

例えば、次のような言葉です。

足を洗う　手を切る　腹を立てる　タナにあげる

これらは、「足をお洗いになる」「手をお切りになる」では、それぞれ、足を洗い清める、手をナイフなどで切る、などの意になってしまいます。これらも、敬語表現にする場というのはあまりないと思われますが、もし敬語表現にするとしても、「れる」「られる」をつける（足を洗われる・手を切られる）か、あるいは、

もうその仕事に関しては足を洗っていらっしゃる。

彼らとはすでに手を切っていらっしゃる。

などの形にするか、どちらにしても、あまりいいものにはなりません。これらは、前に述べたことと関連させて、いわゆる「よくない意味」の類だともいえます。

ただし、慣用句の場合でも、

腕をおふるいになる

気がおつきになる

口をお出しになる

などは、比較的よく使いそうな表現です。あるいは、「路頭に迷う」なども、やはり「よくない意味」

になるので、「路頭にお迷いになる」は少々おかしいし、「路頭に迷われる」もあまり適切とは言えません。右に例示したものの多くは、もともと尊敬表現にはなりにくい言葉です。

もう一つ、便利な言い方を紹介します。それは「……ている」の敬語表現です。

例えば、先生が廊下で待っている、ということを伝えるのには、

「お……だ」の形

先生が廊下で待っていらっしゃいます。

先生が廊下でお待ちになっています。

先生が廊下でお待ちです。

のいずれでもよいのですが、もっと簡単には、

という言い方があります。同様に、先生がいい本を持っている、という場合は、

先生がいい本を持っていらっしゃいます。

先生がいい本をお持ちになっていらっしゃいます。

などももちろん立派な表現ですが、

先生がいい本をお持ちです。

のほうがむしろ自然な言葉遣いだとも言えます。さらには、「先生には子供が二人いる」ということを言うのには、

先生にはお子様が二人おいでです。
先生にはお子様が二人いらっしゃいます。

などが、自然で言いやすい表現でしょう。なお、これと似たようなことは、55ページで、「PTA会長のご挨拶」の例を出したときにも説明しました。

2　謙譲語の用法

謙譲語　その1

謙譲語というのは、以前は「へりくだり」という説明がされていたころの用語であり、あまり適切とは言えませんが、本書では、なるべく耳慣れた用語を用いることにしています。「謙譲の美徳」などという言葉もあるように、自分を強く押し出すことをせず、控えめな言動を心がけることがよい、と多くの日本人は考えてきました。「謙譲語」にもそういうニュアンスはありますが、次第に、〈誰（何）に対する敬意を示すものか〉という方向で考えるほうが妥当だという考えが支配的になり、現在では、「対象尊敬語」「受け手尊敬語」というように呼ぶ人のほうが多くなりました。私流に言えば、〈誰を意識して（隔たりのあるものとして）の表現か〉ということになります。

なお、後に述べるように、謙譲語と従来呼ばれてきた表現の中には、性質の異なる二つのものがある、ということから、謙譲語A、謙譲語B、と区別して呼ぶ人が多くなり、今では広くこの呼び名が行われています。本書でも二つに分けて説明します。おおまかに言えば、謙譲語Aは対象尊敬語のことで、謙譲語Bは丁寧語に近いはたらき（聞き手への敬意を示す）をするものです。

まず、基本的な形式をまとめておきます。

a　特別の動詞（敬語動詞）を用いる。

拝見する、いただく、伺う、など。（28ページ参照）

b　「お（ご）……する」の形。

お招きする、ご紹介する、など。

c　「お（ご）……申し上げる」の形

お招き申し上げる　　ご紹介申し上げる、など。

bよりもさらに丁寧さが増しますが、場合によっては大袈裟に聞こえることもあります。

これらは、その動作の及ぶ人（受け手）への敬意を示す言葉ですから、

友人を先生にご紹介する。

のような形をとります。「紹介する」の受け手は「先生」です。したがって、受け手のいないような場合、例えば、

私はラーメンをお食べします。

などという言い方はありません。ラーメンを食べるのは自分の勝手であり、誰かのために食べるのではないのです。ただし、自分の行動でも、先方に関係し、影響を及ぼすものには、謙譲表現を用います。例えば次のようなもの。

会議の結果をお知らせします。

私がお子様をお連れ申し上げます。

会場では私がご案内いたします。

早速お返事いたします。

次回の会合についてのご通知をさしあげます。

謙譲語　その2

「いたす」（する）、「申す」（言う）、「まいる」（行く・来る）、「存じる」（知る）などは、もっぱら自分がするそれぞれの動作を謙遜して言う気持を表すのであり、その動作の及ぶ対象への敬意を示すものではありません。これがいわゆる「謙譲語B」です。なお、これを「丁重語」と呼ぶ説もありますが、「丁寧語」と混同する恐れもないとは言えませんので、本書では「丁重語」という用語は避けます。また、先に63ページで私は仮に「謙遜語」と名づけておきましたが、この用語は一般的にはなっておりません。したがって「謙遜語」という用語も用いないようにします。ともあれ、このいわゆる「謙譲語B」は、先にあげた「謙譲語その1」（謙譲語A）

の言い方と紛れやすい点もありますので、ここで念のため、その違いを明らかにするためにいくつか例をあげておきましょう。

①　以前にもあなたに申しましたように、

②　以前にもあなたに申し上げましたように、

右の例は、どちらも正しい言い方ですが、①がほとんど丁寧表現であるのに対して、②のほうは伝える動作の対象である「あなた」への敬意を表した表現ですから、話し手と「あなた」との関係によっては、②のほうがよい場合も多いでしょう。しかし、

①　父に申しました。

②　父に申し上げました。

では、①は聞き手への敬意を示した言い方（丁寧表現）で正しいのですが、②は身内である「父」に敬語を使ったことになりますから、間違いです。

①　私が母を案内いたします。

②　私が母をご案内いたします。

右の例も、やはり①は「いたす」は聞き手への敬意を示したものであり、正しい言い方ですが、②は「ご……する」の形ですから、母に対して敬語を用いたことになり、間違いです。形の上では僅かな違いですが、言葉のはたらきはたいへん違います。

丁寧語に近い用法

「謙譲語その2」としてあげた語は、文字通り「謙譲」の意（自身の行動などを控えめに言う）のですが、聞き手への敬意という点で、丁寧語とほとんど区別がつきません。右にあげた例も、丁寧語と呼んでもさしつかえない用法です。そして、現代における敬語の用法という点からみますと、いわゆる尊敬・謙譲という言い方よりも、丁寧語を多用する傾向がみられますから、「いたす」「参る」などは、丁寧語として定着していくだろうと予想されます。この点は134ページで改めて述べます。

ただし、「いたす」「参る」は、あくまでも自分の動作について謙遜して（控えめに）言う場合の言葉ですから、丁寧語に近いといっても、

あなたは出席いたしますか。

あなたがそこへ参った時、何か気づいたことはありませんか。

のように、相手の行動について用いるのは誤りです。

3　典型的なまちがいの例

敬語の誤りとは？

敬語の使い誤りにはいろいろな形がありますが、分類すれば次の二つの場合をいいます。

① 人間関係・社会関係に応ずる敬語の使い方がよくない（相手や場合による使い分けができていない）場合。

② 敬語の形そのものが正しくない場合。

右の①は、敬語以前の問題で、相手との距離をうまく測っていないため、話し方が粗野になったり慇懃無礼になったりして、相手に不快な印象を与えてしまう例です。適切な敬語の使い方というのは、まず、相手との関係を適切にとらえることが基礎になります。これは知識だけでは解決できない点です。

右の②は、敬語に対する無知が原因で、形式上敬語の形になっていない例ですが、この中で最も多いのは、なんと尊敬語と謙譲語との混同なのです。まさかと思うでしょうが事実です。

尊敬語と謙譲語との混同

それでは初めに、基礎的なものを、課題の形式で示してみます。

尊敬語と謙譲語とを混同している例ですが、おもに、謙譲語を尊敬語として使う場合が多いようです。

課題1　デパートで買い物をした客と店員との会話です。どこがおかしいのでしょうか。

店員「お持ちしますか」

客　「いえ、それには及びません」
店員「では、配達でございますね」
客　「え？　自分で持って帰りますよ」

課題2　講演会で、講師の話が終わった時の、司会者の言葉です。おかしな点をいくつか指摘してください。

「ただいま先生が申された内容について、ご質問したい方がいましたら、どうぞ遠慮なく手をお上げしてください。係の者がマイクをお持ちになります」

いかがでしょうか。このように誤りを含む例だといって示されればすぐ気がつくと思いますが、実際にはこうした誤りをすることが多いのです。

課題1は、店員が「お持ちしますか」と尋ねたのが間違いです。29・78・86ページで敬語の基本形は「お……になる」（尊敬表現）と「お……する」（謙譲表現）だと言いましたが、この両者の混同をしばしば耳にします。「お持ちしますか」とは店員が客のためにその品物を持ってついて行く（または、客の家まで届ける）という意味ですから、客は驚いて断ったのであり、その後のくいちがいも生まれたのです。ここは当然、「お持ちになりますか」と聞かなければならない場面です。

課題2にはいくつかの誤りがあります。まず、「先生が申された」はいけません。「申す」は謙譲語ですから、それに「れる」をつけて「申された」と言っても尊敬語にはならないのです。これは「先生がお話しになった」と言うべきところです。「お話しくださった」「お話しくださいました」と言えばさらに丁寧ですが、ふつうはそこまで言わなくても「お……になる」という表現でじゅうぶんです。なお、この「申される」は、近年とみに増加した言い方で、学者の中にも、これを認めるほかはないと考える人が出てきました。

次に、「ご質問したい方がいましたら」もこの場合感心しません。「ご質問する」で先生に対する敬意は示していますが、これは参会者に呼びかけたことばですから、やはり参会者への敬意を示して「ご質問のある方がいらっしゃいましたら」と言うほうがよいのです。参会者と先生との両方へ敬意を示そうとすれば、「ご質問申し上げたいことをお持ちの方がいらっしゃいましたら」となりますが、ふつうは、直接の聞き手に対する配慮でじゅうぶんです。なおこの点については後に「二方面への敬語」（163ページ）でもう少し説明します。

また、「手をお上げしてください」も誤り。「手をお上げになってください」あるいは「手をお上げください」と言うべきです。その次の「係の者が……お持ちになります」も駄目。係の者は司会者と同じ側に立つ人間（「ウチとソト」でいうウチに相当する）ですから、「お持ちいたします」が正しい言い方です。念のため答をまとめておきます。

申された　↓　お話しになった

ご質問したい方がいましたら　↓　ご質問のある方がいらっしゃいましたら
手をお上げしてください　↓　手をお上げください
お持ちになります　↓　お持ちいたします

謙譲語の誤用

謙譲語を尊敬語と思って用いる、というのが最も多く指摘されている誤りの用例です。右にあげたもののほかにも、例えば次のような類があります。

a　5番の窓口で伺ってください。
b　5番の窓口でいただいてください。
c　佐藤さんが申しましたように、……
d　では隣の部屋で食事をいただいてください。
e　私どもの社長にお目にかかっていただきたいと存じます。
f　お子さんに買ってさしあげたらいかがですか。

正しくは、それぞれ次のように言わなければなりません。

a　伺ってください　↓　お聞きください
b　いただいてください　↓　お受け取りください
c　申しましたように　↓　おっしゃいましたように

d　いただいてください　↓　召しあがってください
e　お目にかかっていただきたい　↓　お会いになっていただきたい
f　買ってさしあげたらいかがですか　↓　お買いになってはいかがですか。

「お……する」は昔の「お……申す」を簡略にした言い方ですから、謙譲表現なのですが、これを尊敬表現だと誤解する人も少なくないようです。そのため、前にも例示したように、敬語の誤りとしては最も多く見られるのがこれです。次のように尊敬語を使うべき対象が逆になっている例もありますが、もう皆さんはどこが悪いかすぐわかりますね。

「お……する」の使い誤り

（社員が客に待ってもらう時の言葉）

社長はすぐ見えますから、ここでお待ちしてください。

「見える」（「来る」の尊敬語）も「お待ちする（「待つ」の謙譲表現）もともに「社長」への敬意を表す（ウチの者に敬語を使う）ものでありますから、「客」には失礼になります。さらには、「すぐ」「から」「ここ」などの言葉も、改まった場にはふさわしくないと言えるでしょう。したがって、この場合は次のように言うのが礼儀にも適い、上品な言葉遣いだということになります。

社長はまもなく参りますので、こちらでお待ちになってください（お待ちください）。

もう一つ、かなり頻繁に聞く例に、

よろしくご指導してください。

などの言い方があります。「ご指導」が尊敬語で「くださる」も尊敬語ですから、これでいいように思うのでしょうが、「ご指導する」は「ご……する」という典型的な謙譲表現です。したがって、「ご指導してください」は誤りで、

よろしくご指導ください。

と言わなければなりません。同様に、「ご指導していただく」も誤りです（「ご指導いただく」が正しい）。

念のため、もう一つ。「……ている」の尊敬表現は「……ていらっしゃる」ですが、

この制度をご利用していらっしゃいますか。

は、やはり「ご……する」の形（謙譲表現）に「いらっしゃる」をつけたものであり、間違いです。これも正しくは次のように言うべきです。

利用していらっしゃいますか。

ご利用になっていらっしゃいますか。

この種の誤りはかなり多いように思われますので、注意する必要があるようです。

ただし、最近の傾向として、「ご……する」を尊敬表現と考える人が多くなってきたようです。

例えば平成十一年の文化庁による「国語に関する世論調査」でも、
　ご安心してお使いください。
に対して「気にならない」と回答した人が六三・四％にも及んだといいます。こういう数字を見ると、もはや尊敬表現として容認せざるをえないかな、とも思います（189ページ参照）。
先日、テレビを見ていたら、ＮＨＫのアナウンサーまでが、「ぜひ皆様にもご協力していただきたいと思います」と言っていました。

「お……する」の変形

「お……する」の使い間違いが最も多いと言いましたが、これの変形になると、さらに誤解している人が多いようです。いくつか例をあげてみましょう。ただし、これらの中には、敬語の基準に照らすと誤りでも、慣用としてある程度認められているものも含まれます。

ａ　こちらでお呼びするまで、椅子におかけしてお待ちください。
ｂ　コーヒーをお飲みになりたいですか。
ｃ　この撮影会にはだれでもお気軽にご参加できます。
ｄ　この割引券はどなたでもご利用できます。
ｅ　この保険は年齢を問わず、どなたもご加入いただけます。

f　先日の発表会での新製品は、御覧いただけましたか。
g　ご説明していただきたいのですが、
h　青木様がお誘いしてくださったので、
i　ご紹介していただけませんか。

aは、「椅子におかけして」が誤り。「おかけになって」が正しいのですが、すぐ後ろに「お待ちください」が続きますから、「椅子にかけてお待ちください」でじゅうぶんです。

bは、「……たい」「……てほしい」などの意思・希望を目上の人に尋ねるのは失礼になりますので、「お飲みになる」という敬語表現をつけても不適切な言い方です。

コーヒーをお飲みになりますか。

が正しいのですが、それよりもむしろ、次の言い方のほうが日本語らしい表現です。

コーヒーはいかがですか。

日本文学の研究者として著名なドナルド・キーン氏の書いた文章に、次のような例があります。

正しい日本語を話すという理想を持たない外人は、日本語を勉強している学生よりも通じることがある。「アナタ、菓子、食ベル？」と尋ねれば、相手の日本人はその発言の意味を聞き取れる。が、こういう原始的なカタコトから正しい日本語までは幾光年の距離があろう。（中略）

「あなたはお菓子が召しあがりたいですか」ときれいな発音で言えば、相手の日本人はもちろんわかるし、文法上の誤りもなかろうが、自然な日本語よりも英語の直訳のように聞こえる。「お菓子はいかがですか」と覚えるまで相当な時間がかかる。

（『私の外国語』所収）

cは、「参加できる」は「参加することができる」の意ですから、それに「ご」をつけると「ご参加する」という形になります。「ご……する」は「ご報告する」のように、「お……する」と同じ謙譲表現です。したがって、正しくは、

どなたでもお気軽にご参加になれます（ご参加いただけます）。

と言うべきだと思います。ただし、最近では、電車の車掌が「ご乗車できます」などと言うのも一般に認められてきたようで、文化庁の調査結果でも、「ご乗車できません」という言い方を誤りだと判断する人は少数派に属するそうです（正しくは「ご乗車になれません」）。

dも同様で、「ご利用になれます」が正しい言い方ですが、最近では「ご利用できます」を認める人も増えてきました。このように、cとdの形を一般化すると「ご＋漢語＋できる」という言い方になりますが、この形を謙譲表現とは考えない人が増えてきたようで、もはや、新しい丁寧表現として認められつつあるのだと言えるのかも知れません。

ｅも、「ご加入いただけます」は「ご加入になれます」と言うべきところです。「ご……いただく」は自分のほうを主体にした言い方ですから、

ご加入いただき、社員一同喜んでおります。

ならばよいのですが、ｅのような言い方は、本来はよくないということになります。

ｆも同じです。「御覧いただきたいと願っております」という場合はよいのですが、相手に尋ねる場合は、「御覧くださいましたか」と言うのが正しい表現です。しかし、「御覧いただけましたか」も使う人がかなり多くなりましたし、誤りとまでは言えない例です。

ｇからｉは、いずれも「ご……いただく」の形です。正しくは、それぞれ、

ｇ　ご説明願いたいのですが

ｈ　お誘いくださったので

ｉ　ご紹介くださいませんか

のようになります。

謙譲語＋れる

謙譲表現に「れる・られる」をつけても尊敬語にはなりません。この言い方は思いのほか多くの人が誤って用いているようです。例えば、

社長にお目にかかられましたか。

先生が申されたように、……

すぐに参られれば間に合いと思います。

係の者に伺われたらわかると思います。

などです。正しくは、それぞれ次のようになります。

お会いになりましたか。

おっしゃいましたように、

おいでになれば（いらっしゃれば）、

お聞きになりましたら、

このうち、とりわけ、「申された」はかなり頻繁に耳にします。

なお、謙譲表現の使い間違いについては、後に述べる、「丁寧語の増加」という現象と関わりが深いので、そこでもう一度取り上げることにします（134ページ）。

念のため、一言付け加えます。形の上でやや似た表現があって、うっかりすると混同することもまれにはあるようです。

似た言葉の混同

最も多いのは、「存じ」のようで、これは、「知る」の謙譲語ですが、「ご存知（ご存じ）」の形で尊敬語にも用います。

よく存じております。

あなたもご存じでしょう。

のように使うのですが、敬語の不得手な人がうっかりすると、
あなたはたぶん存じているでしょうが、

などと言うこともあります。さらには、「存じ上げる」も、誤用が時折見られます。

「鈴木さんをご存じですか」「はい、存じ上げております」

のように用いるのですが、

「あの学校には立派な時計塔があるのをご存じですか」「はい、存じ上げております」


は、おかしい返事です。「存じ上げる」は「人」についてのみ用いる言葉なのです。

「くださる」と「いただく」を混同するという例をあげている本を読んだことがあります。私は実際に聞いたことはありませんが、一応紹介しておきます（正しい形を）。

これは石井様がくださったものです。

これは石井様からいただいたものです。

4　これは敬語か？

最近よく耳にする言葉の中に、「はてな」と首をかしげたくなるものがありますので、そのいくつかを取り上げてみます。

①　お疲れ様

もともと「ご苦労様」というのは、目上の人が目下の者に対して苦労をねぎらう場合の言葉であり、社員が「社長、ご苦労様でした」などと言うのは誤りとされてきました。そこで登場したのが「お疲れ様」なのでしょうか。これも「ご苦労様」とほぼ同様に、目上の人に対しては用いないほうが無難だと私は思います。もしも目上の人をねぎらうのならば、

お疲れになりましたでしょう。

というような表現のほうがよいと思います。しかし、「お疲れ様」は、現在ではかなり広く使われているように見受けられます。

おそらく、この「お疲れ様」という言い方は、芸能界でのスラングが一般にも及んだのであろうと私は推察しています。芸能界では、夕刻に会っても「おはようございます」と挨拶するのがふつ

うです。これは、例えばＶＴＲの収録などの仕事は、会社のように毎日定刻に始まるのではなく、その都度時間を打ち合わせて集まるわけで、ちょうど、ホテルの従業員が客に「お早いお着きで」などと挨拶するのと同様に、相手の行為（時間に間に合うように来たこと）をねぎらう意味で「おはようございます」と挨拶したのだろうと想像しますが、一般人はこう挨拶されると少々驚きます。私は若いころ八年間もＮＨＫの放送講師（通信高校講座・古典　テレビ・ラジオ）を勤めましたので、朗読者として依頼した俳優や女優さんから「おはようございます」という挨拶を毎回されましたが、とうとう最後までこちらからその挨拶を返すことはできまず、「ああ、どうも」などといういい加減な応答ばかりしていました。

「お疲れ様」も同様な意味で生まれた言葉（収録などの仕事が終わった時に、互いにこういう言葉をかけ合って別れる）だと思いますが、芸能人からマスコミの人間に及び、さらに一般にも広まったものだろうと推察されます。現在では、目上の人に「ご苦労様」と言うのは誤りで「お疲れ様」が正しい、と言う人さえいます（私には、「ご苦労様」も「お疲れ様」も同じレベルだと思われますが）。

そのほかの「……様」

因みに、「……様」という形もかなり多い言い方です。いくつかその例をあげてみましょう。

おかげさまで、合格しました。

（訪問先から帰るとき）どうもお邪魔様でした。

などです。「おかげさま」は、本来は神仏の加護や人の厚意を得たことを感謝する気持を表したもののようですが、今では、右に例示した大学合格の場合のように、具体的な協力を得たわけでもないときにも用いられます。それだけに、あまり丁寧な表現とはみられません。右にあげた例でも、もう少し丁寧に言う場合は、
おかげをもちまして、合格いたしました（指導を受けた先生に報告するような場合）。

どうもお邪魔いたしました。

のように言うほうがいいでしょう。

「ご愁傷様」も、私がいつも困っている言葉の一つです。弔問の言葉はだれでも困るのだと思いますが、とくに親しい人の家で不幸があった場合には、「ご愁傷様」ではいかにもおざなりの感じがして使えません。「このたびはどうも……」と言って終わりのほうを聞き取れないようにつぶやくだけにするのが常です（「どうも」の次は、「残念なことになりました」でも、「とんだことになりました」でもしっくりこない場合が多いので）。

ところが手紙の場合はそうはいきません。しかたなく、
さぞやお力落としのことと拝察申し上げます。

などの表現を用いてがまんしてもらうようにしています。昔から弔辞は難物だったようでして、よ

く聞く話としては、頭を下げ「どうも」と言ってから「黒足袋白足袋」と聞き取れない程度の声で言えばよいのだ、という話があります。それで「このたびはご愁傷様」と聞こえるのだそうです。はっきり言わないのが礼儀だというのも変なものですね。

② ございます

「ございます」は「あります」よりも丁寧な言葉で、私のように東京下町に育った人間はあまり使わなかった言葉遣いです（「おはようございます」や「ありがとうございました」などの慣用的な表現は別ですが）。そのせいか、私は「ございます」は少々気取った言い方のような印象を持ちます。せいぜい、商店主が客から「○○はありますか」と尋ねられたときの返事に「はい、ございます」と使っていた程度だったように思います。

どうやら私は、山の手の「奥様族」の「ざあます言葉」、

宅ではいつもこのことを主人と話しているんざあますのよ。

などへの反撥もあって、その一歩手前という感じの「ございます」もあまり使わずにすませてきたようです。

とんでもございません

「ございます」に関わる表現としては、聞きはじめのころおかしいと感じたのは「とんでもございません」という言い方です。私は今でもおかしいと思いますが、この言い方はもはや市民権を得た（一般に認められた）ように思われます。

本来は「とんでもない」が一つのイディオムであり、「はしたない」「味気ない」などと同様に、「ない」を切り離すことはできないのです。したがって、

とんでもありません。
とんでもございません。

はいずれも誤りです。正しくは、

とんでもないことです。
とんでもないことでございます。

とでも言うべきなのでしょうが、最近では、「とんでもありません」「とんでもございません」は、すでに多くの人が用いています（「とんでもございません」は女性の多くが用いている）。多くの人が用いている以上、これを誤りだと力説してもしょせんは多勢に無勢。新しい丁寧表現の誕生として認めざるをえないかなと思っております。なお、「とんでもない」とほぼ同じような意味の言葉に「滅相もない」があります。これも「滅相もございません」とは言わないのが正しいとされてきました。もっとも、今ではこの言葉を使う人も少なくなりました。ところが、先日、題名は忘れま

したがテレビの時代劇の中で、家臣らしき男が、殿様に詰問されて、「滅相もございません」と言っていました。江戸時代の確実な資料に基づいているのか、それとも作者の不用意な表現なのでしょうか。たぶん後者だと推量しますが、そうするとこれは「とんでもございません」と軌を一にするものだろうと思われます。

「とんでもございません」を用いないとすると、どう言ったらよいでしょうか。「とんでもないことでございます」もあまり使いやすくないということになると、正直なところ、あまり名案は浮かびません。そこで、例えば、何か人からほめられた時は、

いいえ、そんなことは……

と、ごまかすのがいいかなと思うくらいです。

そのほかの「ございます」

また、会議などで、
この件については、二枚目の資料にデータを整理してございます。

などと言うのも、私にはおかしいと感じられます。まして、報告する人間が自身の記録を、
次の紙に書きとめてございます。

などと言うのは感心しません。「ございます」は「ある」の丁寧表現ではありますが、右のような

例は無理に（わざとらしく）用いているように感じます。右の二つの例はともに、

整理してあります。

書きとめておきました。

などと言うほうが自然でしょう。

もっと不自然な言葉遣いとしては、

雨が降り続きましたので、御覧のように、川の水が増してございます。

というのを聞いたことがあります。「いる」の丁寧表現も「ございます」だからといって、「増してございます」はおかしいでしょう。

そのほかの例では、

田中さんでございますか。

は「田中さんですか」をもっと丁寧に言ったものとして正しいように聞こえますが、やはり、よくないと思います。これは、相手への敬意をこめた言い方にして、

田中さんでいらっしゃいますか。

のほうがよいと考えられます。ただし、聞かれたほうは、

はい、田中でございます。

と答えるのがふつうです。また、

皆さんも御元気でございますか。

もまずいのであって、

皆さんも、御元気でいらっしゃいますか。

がよいのです。ただし、相手の安否を尋ねるからといって、

お変わりもいらっしゃいませんか。

は、おかしいでしょう。この場合は、「お変わり」に敬意を払う必要はなく、

お変わりもございませんか。

が適切だということになります。

まとめとしては、私の語感を強調するようなことになるかも知れませんが、動詞「ある」を「ございます」にするのはよいが、補助動詞の場合、つまり「……ている」「……てある」の「ある」を「ございます」にするのは賛成できない、ということになります（ただし、補助動詞であっても、「田中でございます」のように、「……である」の場合はよい）。

なお、「ございます」は言葉遣い全体が「ございます」にふさわしい、上品なものになっていないと、部分的に「ございます」を用いても、そこだけが浮きあがってしまう恐れがあります。この点は、後に述べるような「言葉遣いのバランス」と深く関連しますので、そこでまた取り上げることにします（130ページ）。

③「れる・られる」は誤解を招く

出られる？

「れる・られる」をつけて尊敬表現にする言い方は、単純な形であるという点では望ましい(敬語を簡便にするほうがよいという考えからは)と評価できましょうが、

私はどうもなじめません。以前、学生が私の所に来て、

先生、明日のコンパには出られますか。

と尋ねたので、私は、

出ようと思えば出られるけれど、出たくない。

と答えたい誘惑にかられました。もっとひどいのは、別な学生が、

先生はまだ研究室にいられますか。

と尋ねたことがあり、私は思わず、

私は自分の部屋にいられないような悪いことはしていませんよ。

と答えて、相手の学生を驚かせました。

つまり、文法的な説明を加えますと、「れる・られる」は尊敬の意味を添えるはたらきのほかに、受身・可能・自発などの意を表すのにも用いる言葉ですから、「出られる・いられる」などを尊敬表現とは感じない人も多いはずです。

この用紙に書かれてください。

手をあげられてください。
まっすぐ行かれたら右側にございます。
などの言い方（「れる・られる」の多用）は、西日本、とくに九州などで顕著に見られる風潮だとのことですが、私は、「書かれて」「あげられて」などは受身表現かと一瞬思いますし、「行かれて」は「いかれて」と発音されますので、「イカレル」（「駄目になる・おかしくなる」のスラング）を想像してしまいます。ですから、「れる・られる」を多用することは、受身・可能などとの誤解を避ける意味でもやめたほうがよく、尊敬表現はやはり「お……になる」を基準にすべきだと考えています。
ただし、「落ちる」「もらう」など、いくつかの言葉には「お……になる」の形ができにくいないものもありますから、それらは別の言い方を工夫せざるをえません（「もらった」は「お受け取りになった」がよいと思いますが、「落ちた」はうまくいきません。「落ちておしまいになった」も「おしまい（終わり）」との混同が生まれますから、やむなく、「落ちてしまわれた」などでしょうか）。
さらに蛇足を加えますと、「わかる」「受かる」「できる」などの語には、もともと「れる」「られる」が続かないので、
事情はよくわかられたと思いますが、
大学を二つも受かられたとはすばらしいですね。

お子様は勉強がよくできられますね。
などとは言いません。それぞれ、
おわかりになったと思いますが、
合格なさったとは、
おできになりますね。
などのように言うのが正しい言い方です。これは、前に、可能動詞はそのままでは「お……になる」の形がとれないと述べましたが（81ページ参照）、可能動詞には「れる」「られる」も続かないのです（「読められる」などとは言わない。「読める」を敬語表現にするのなら「お読みになれる」）。右にあげた「わかる」「できる」なども可能の意につながることが、「れる」「られる」を伴わない理由かも知れません。

なさる？

ついでに言えば、「……なさる」という表現（「先生がお話しなさる」「もうお帰りなさったか」など）も、私は好きではありません。形の上でもこれは二重敬語と言えるものであり、「お話しになる」「お帰りになる」でよいのに、少々しつこい感じがして、私にはスマートな表現だとは思えません。

「なさる」は「れる・られる」とともに、敬語を作りやすい便利な言葉だとも言われます。とくに、

「お（ご）……になる」の形が作りにくい言葉（運転する、失敗する、など）の場合でも、

運転される　運転なさる　失敗される　失敗なさる

という形がとれますから、便利だとも言えるのですが、多くの動詞に使えるのではなく、例えば、

読みなさる　話しなさる

などは、共通語ではあまり認められていません。ただ、方言にはこうした表現もかなり見られるようです。

したがって、「なさる」の形は、「漢語＋する」の形の動詞（出席する、活躍する、など）の場合に限って用いるようにするのがよいと思われます。それも、80ページで述べたように、「なさる」よりも「なさいます」の形のほうがよいのではないかと私は思います。例えば次のように。

出席なさいます　活躍なさいます　運転なさいます

右の例のように、「漢語＋する」の形の動詞の場合は「○○なさる」でよいが、前に述べた「ございます」の場合と同様に、補助動詞の用法（「読みなさる」「話しなさる」など）は用いないほうがよいと私は思います。

高等学校の古典の授業では、普通とは思えない言葉遣いが堂々と使われています。それは、「二方面への敬語」（163ページ参照）が現代語にほとんどないための方便で、例えば「聞こえたまふ」「たてまつりたまふ」を「申し上げなさる」などと現代語訳しています。現代語にはない表現なのです

から無理をすることはないと私は思うのですが、古語の敬語を確かに理解しているということを示すために、このような不自然な言葉遣いをしているのでしょう。

むろん、「御覧なさい」「帰って来なさい」などの、慣用的な言い方になっているものは、「なさる」があるからといっても不自然ではありません。

5 「……せていただく」という言葉

「……せていただく」は敬語（謙譲）表現

謙譲語に使役の言葉を付加した表現として、「……せていただく」「……させていただく」という言い方が最近とみに流行するようになりました。この言い方は、関西の「……させてもらう」が「……させていただきます」という丁寧語の形で広まったものと言われ、もともとは「相手の許可を得て○○する」という意味であったのですが、それが「あなたのおかげで○○させてもらう」という意味の謙譲表現になったものです。このように、相手からの恩恵を受けたという意味あいを前面に出すことによって、結果的に相手への敬意を示す表現なのであり、敬語を用いるより簡単だという、便利な表現になったのだと思われます。

したがって、「出席する」という言葉を例にしますと、例えば、どこかの会社が新製品の説明会を行う、という知らせが届いて、それに出るかどうかを尋ねられた場合には、出席いたします。

と返事するのがふつうでしょうが、結婚式の案内を受けた、というような場合には、

出席させていただきます。

と返事するほうが適切である（相手からの招待に感謝するような気持が含まれるので）と考えられます。

講演会に参加して先生の話を聞く、というような場合には、「お聞きする」よりも「聞かせていただく」のほうが講師への敬意が表明されます。あるいは、アンケート調査などを行う場合にも、相手にある程度の負担を強いることもあるので、「ご調査する」よりも「調査させていただく」のほうが礼儀正しい言い方だという場面が多いと思われます。さらには、「眺める」などは「お眺めする」という言い方はおかしいので、「眺めさせていただく」を用いるほかはありません（もっとも、「眺める」を丁寧に言わなければならない場面というのはあまりないだろうと思われますが）。

「……せていただく」は、本来、相手の恩恵を受けて○○する、というところから生まれた言葉ですから、例えば、

私はこの会社に十年勤めさせていただいております。

などは、おそらく、「皆様のおかげで」という気持をこめたものと考えられますが、誰か入社の際に世話になった人の前ならばともかく、一般の人に言うのでは、自分の勤めている会社（ウチ）に

対して敬意を示したことにもなりかねません。そのため、こういう言い方は不適切だと言う人もいます。まして、会社の営業部員が、

当社では、このほど、画期的な新製品を開発させていただきました。

などと言うのは、誰の恩恵を受けたわけでもありません。独自の開発を自慢（宣伝）しているのですから、「……せていただく」は不自然で、

当社では、……開発いたしました。

のほうがよいと思われます。ただし、最近では、このような場面で「……せていただく」を用いる人が増えてきました。本人は上品な敬語表現を使っているつもりでしょうが、あまり適切な言葉遣いとは思えません。

「……させていただく」の誤り

また、私が最近気になっているのは、「……せていただく」と言うべきところを「……させていただく」と言う人が増えてきたことです。文法的な説明は好まない人が多いのですが、少しだけ解説しますと、「せる」も「させる」も、「使役」または「放任」という意味を表す助動詞ですが、「せる」は五段活用やサ行変格活用の動詞につき、「させる」はそれ以外の動詞につく、というのが日本語の規則なのです。したがって五段活用の動詞の場合は、例えば、

行かせる　書かせる　使わせる　休ませる　帰らせる　呼ばせる

という形が正しく、これを「休まさせていただきます」「帰らさせていただきます」「呼ばさせていただきます」などと言うのは文法的に誤りなのです。

動詞「する」（サ行変格活用。略してサ変とも）は、未然形の「さ」に使役の助動詞「せる」がつきますから「させていただく」になります。

五段活用以外の動詞というのは、例えば、

用いる　→　用いさせる　　試みる　→　試みさせる
食べる　→　食べさせる　　比べる　→　比べさせる

のようになります。

「出席」「参加」など漢語の場合は、「出席する」「参加する」の形で動詞（サ行変格活用）になりますから、「する」が「させる」となるように、

出席させる　　参加させる

という形（文法的には「出席」に「させる」がついたのではなく、「出席する」に「せる」がついたもの）になります。

ところで、「……せてもらう」「……せていただく」「……せてくれ」「……せてください」などという表現を多用するのは、日本語の特徴とも言えるのですが、これにはいろいろな意味あいが含まれるようです。例えば、次にいくつか例をあげてみます。それぞれどういう意味でしょうか。

a　お子様の制服はぜひ当店に作らせてください。
b　私も一緒に行かせていただけませんか。
c　明日は休業にさせていただきます。
d　急用ができたので、先に帰らせていただきます。
e　しばらく一人で考えさせてくれ。
f　おれの好きなようにさせてもらうよ。
g　ご主人がお帰りになるまで、ここで待たせていただきますよ。

さまざまな意味

簡単に説明しますと、次のような意味になると言えるでしょう。

a・b……「謙遜した依頼」（相手の許可を求める）の意味を表します。

c・d……相手の許可を求める形にはなっていますが、実際には「一方的な通告」です。

　cは、客が承知しようがしまいが休業になるのですし、dも、文句を言わせず帰るのです。

e・f……「相手の干渉を拒否する」(だれが何と言ってもそうする)という意思が表面に出ています。これがさらに強くなると、gのようになります。

g ……悪質なサラリーマン金融会社の取りたて屋かヤクザの言葉という感じで、敬語表現は用いているものの、ほとんど「脅迫」と言ってよいでしょう。これも、丁寧な言葉遣いによって無気味な脅しになるという、敬語の効果的な使い方かも知れません。

このように、「……せていただく」は新しい敬語表現として、たいへん便利な表現ですが、さまざまなニュアンスがあるために、注意して用いる必要があります。

依頼の表現

私が中国の大学で教えていたころ、学生の一人が私の部屋に入って来て、

先生の本を貸していただきます。

と言いました。一瞬私は返事につまりましたが、「その言い方はまずいよ」と注意しました。

人にものを頼む場合は、「……ていただきます」と言い放つのは、相手を脅しているような、失礼な言い方になります。こういう場合は、

貸していただきたいのですが、いかがでしょうか。

貸していただけませんか。

のように、あくまでも相手の許可を求めるという意味を明確に表すのが適切な表現だ、ということ

になります。

繰り返しになりますが、相手に依頼する場合の原則は、

……ていただけますか

よりも、

……ていただけませんか

のように、否定の形で問いかけるほうが、敬意の高い表現になります。相手の判断に任せるという気持がより強くなるからです。これと逆に、

……てもらえますか

という形は、ときに押しつけがましい依頼と受け取られる恐れがあります。

さらに言えば、「……ていただけませんか」を用いるときは、その前に、

恐縮ですが　　申し訳ありませんが　　恐れ入りますが

などの言葉を置くほうが、より丁寧な依頼になります。これを、

すみませんが

にすると、悪くはないものの、いささか軽くなりますし、

悪いけど

などでは、まったくバランスを欠く表現になります。

「……せていただく」は一種の使役表現ですが、ここでまた雑談を一つ。

日本語の使役表現（「……せる（させる）」は、例えば、

子供を買い物に行かせる。

のような例（命令や依頼によって何かをさせる）が典型的な用法ですが、ほかにも、

友人を三十分も待たせてしまった。

のように、無意識の行動が誰かに迷惑をかける、という気持を表す場合もあり、また、

子供を遅くまで外で遊ばせておくな。

などは、「放置・放任」と呼ばれる用法で、ある状態をかまわず放っておく、という意味を表します。この用法がさらには、

魚を腐らせた。

などになると、「放置・放任」したのは失敗だった、自分の責任だ、というような意味が加わります。そして、この意味がさらに進むと、

子供を死なせた。

などという表現にもなります。これは子供を殺したのではなく、子供が死んでいくのに対して自分は何もしてやれなかった、という「自責」の念を表す表現になります。この「子供を死なせた」という使役表現は日本語の特徴のようでして、英語や中国語に翻訳するのがなかなか難しいようで

子供を死なせた

す。

子供に死なれた

ついでにもう一つ。「子供を死なせた」と同じように日本語らしい表現に「子供に死なれた」という言い方があります。いわゆる受身表現の一つですが、「親に叱られた」などとは違い、子供が死んだのは自然のなりゆきですが、それによって自分は辛い目にあった、という意味あいを表す言い方です。

雨に降られた。

彼にニアピン賞をとられた。

なども ほぼ同様で、文法ではこれを「被害・迷惑の受身」と呼びます。「子供に死なれた」も「子供を死なせた」(自責の念を示す使役表現)とともに、英語や中国語では受身・使役の表現を普通は用いません。

6　マニュアル敬語は耳ざわり

コンビニが発祥地?

今ではどんな地方に行っても、商店などでは方言を聞くことがなくなりました。昔なら僻遠の地と呼ばれたような村に行って、茶店などで飲み物を注文しても、店の女性に「少々お待ちくださいませ」などと言われて驚くことがしばしばです。共通語教育が徹底した結果かと初めは思ったのですが、どうやらそうではないようです。これらは「マニュアル敬語」あるいは「営業敬語」とでも呼ぶのが適当なようでして、客への応対として決まった言い方を訓練させられたためのものと考えられます。

コンビニ（コンビニエンスストア）などに入ると、大きな声で、

「いらっしゃいませ、こんにちは」

と挨拶されて、いささか戸惑います。これも今では決まり文句になったようです。私などは、「いらっしゃいませ」だけならば自分のほうは黙っていてもよいが、「こんにちは」といわれると、何か応対しなければならないかなと思ったりします。

「いらっしゃいませ」だけでじゅうぶんだと思いますし、まして、「こんにちは」は、本来は目上の人には使えない言葉だったのです。しかし最近では学生から「先生こんにちは」と挨拶されることが日常になりました。以前は、学校や会社などに「こんにちは」と言って入って来るのは蕎麦屋の出前持ちくらいだったのでして、同僚の間でも「こんにちは」とは言えず、「遅くなりました」とか「いつまでも暑いですね」とかいうような言い方で挨拶にしていたのですが、今では、いつでもだれにでも「こんにちは」を使うようになったようです。

会社等でのよそいきの言葉（マニュアル敬語）には血が通っていない、という点では、中島みゆ

きの歌「狼になりたい」の歌詞で、おそらくコンビニの店員をしているフリーター同士と思われる青年の言葉らしい部分で、「昼間おれたち、会ったら、お互いに、いらっしゃいませ、なんてな」と言う箇所があります。これも、互いにマニュアル敬語を用いてよそよそしい応対しかできない、というやりきれない気持（心が通わないというやりきれなさ）をこめたものと解釈できます。

「ほう」と「から」

決まり文句といえば、レストランやスーパーマーケットなどの店員が使う「ほう」「から」も、私にはどうも気になります。例えば次のような言葉です。

お夕バコのほうはお吸いになりますか。
お席のほうはあちらでご自由にどうぞ。

「タバコのほう」と言われても、ほかに吸うものがあるのかなと思いますし、「お席のほうは自由」だと言われると、何か自由にならないものがほかにあるのかなと思います。

タバコをお吸いになりますか。
お席はあちらでどうぞご自由に。

と言えばいいではないかと、けちをつけたくなります。「から」も同じで、

五千円からお預かりします。

などと言われると、その「から」は何なのだろう、五千円札から先に処理するという意味かな、な

ど悩むのです。千円札を出しても「千円からお預かりします」と言われて、小銭なども用意しておかなければいけなかったかな、などとまた勘ぐるのです。どうも国語教師というのは、つまらないことにこだわるのかも知れません。

これらの例は、おそらく、「ほう」「から」というやや漠然とした言葉を用いることによって、露骨な（はっきりした）表現を避ける、という意識から生まれたものと考えられます。そうするとこれは、一種の敬語表現、あるいは敬語表現に代わるものかとみることができるのだろうと思います。昔から、場所や建物によって、そこにいる人物をさす敬語表現がありました。例えば「内裏」が「天皇」をさしており、通称としては「四条大納言」（藤原公任）、五条三位（藤原俊成）などが有名です。現代（といっても今からは少し前）でも、落語の桂文楽氏は「黒門町」と呼ばれていました。また、「方（かた）」は方角を意味するのですが、人物を「方」と呼ぶこと（これも敬語表現）も以前からありました。現代語の「ほう」はここから生まれたものかも知れません。

それにしても、レストランなどが混んでいて順番を待つ、という場面で、

お名前のほうをお伺いします。

などと言われると、ほかに何か尋ねられるのかと心配になりますし、

お名前を頂戴してよろしいですか。

などと聞かれると、名刺でも渡さなければならないのかな、と一瞬迷います。

ほかには、「……になる」も気になる言葉です。これも、あいまい表現の一つです。喫茶店などでも、注文したものを従業員が運んできて、

「……になっている」

こちらコーヒーになります。

と言って置いていくことがよくありますが、紅茶がコーヒーに化けるわけでもなく、初めからコーヒーなのです。したがって、

コーヒーでございます。

でいいではないか、と思います。

先日は、あるホテルで、明治時代から受け継いできている自慢のカレーライスというのを昼食に注文したら、初めに福神漬とらっきょうの入った容器を持って来て、

こちらは、カレーの薬味になっております。

と言うので、伝統のある店だから何か特別な調理を施したのかと思ったら、ごく普通の福神漬でした。

ホテルの受付で名前その他を用紙に記入した後、従業員が、

お部屋はお二階になっております。

と言うのも、私には不自然に聞こえます。どういう理由でこの言い方が生まれたのだろう、などと考えてしまい、その結果は、そんなことを考える自分が阿呆のように思えてきます。これも国語教

師の欠点でしょうか。

① 部屋を二階に決めたのはホテル側なのだから、「二階になっている」のではなく、「お部屋は二階に用意いたしました」と言うべきである。

② 二階に部屋を設定したのは誰か別の人（上司）であり、自分の責任ではない、という意識がはたらいたものか。あるいは、もはや変更はできないという意味か。

③ 一階はロビーやレストランになっており、宿泊用の部屋は二階になっている、という意味か。

当初はそういう意味だったものが、次第に一つの決まり文句になったものか。

と、こんなふうに解釈を並べるのが国語教師の常なのですが、まあこれもマニュアル用語の一つだと思って気にしないほうがよいのでしょう。

「とか」「みたい」「じゃないですか」

一見漠然とした言い方という点では、最近の若者の言葉に頻出する、「とか」「みたい」「感じ」なども同じ範疇に属するのだろうと思われます。

新宿とか行って、お茶とかしませんか？

今日は学校をさぼっちゃおうかなみたいな感じ。

自分自身をもっと出してもいいんじゃないかみたいな考えで書いた作品です。

などの言い方は、私はどうもなじめませんが、若者は好むようです。右にあげた例などは、自分の意見を明確に言うことを避け、断定していないのだからいくらでも言い逃れができる、という責任回避（言質をとられないようにという）の意識が根にあるのではないかと疑ってしまいます。

また、最近よく耳にする言葉遣いに、「じゃないですか」という表現があります。例えば、

山のサルが町に入って来て店の品物を奪うことがあるじゃないですか。

向こうに大きな杉の木が見えるじゃないですか。

などです。これらは、私にはかなり押しつけがましい言い方だと感じられます。すなわち、「じゃないですか」は「……ではないか」ですから、右の例で言えば、「そんなことも知らないのか」「おまえには見えないのか」という意味を含む表現になり、相手に同意を強要する押しつけがましさを感じます。

ところが、この「じゃないですか」は新しい敬語表現であるという説を聞いたことがあります。その論者の説では、自分の意見をぼかして、相手に同意を求めることで相手の顔を立てる、というはたらきを持つ新しい敬語表現だというのです。私はその説には賛成できませんが、語感というものは人によりさまざまなのだなあと思いました。

思わない？

「じゃないですか」と共通する表現だなと感じるものに、「……と思わない？」があります。女性がしばしば用いる言い方で、

向こうの山の紅葉、きれいだと思わない？

ここの店のオムライス、おいしいと思わない？

のように使います。私などは、こう尋ねられると、どう返事したらよいのか（「思うよ」と返事するのか、「きれいだね」「おいしいよ」と返事するのか）一瞬迷いますし、

思うか思わないかなどではなく、紅葉はきれいなのだよ。

などとひねくれた返事をしたくなります。この「思わない？」も私には「じゃないですか」と同様な、ひどく押しつけがましい言い方だと感じられます。

表現をわざとぼかして相手の判断にまかせる、という点では、次のような言葉遣いが、日本人らしいものだと私は思います。

リンゴを五つほどください。

これがもし、

ロースの肉を三百グラムほどください。

ならば、『ヴェニスの商人』ではないが、肉を正確に三百グラムは切り出せませんから、「ほど」でもいいと思うのですが、リンゴならいくつでも正確に数えられるはずなのに、「ほど」と言うのは、相手の都合にある程度合わせる用意がある、というような気持を含めたものでしょうか。もちろん、そう言われた商店のほうでも、「五つほど」と客が言えば、正確に五つを渡すのです。

さて、一番初めに例を示したマニュアル敬語のことですが、こうした「営業用」の決まり文句は、それだけを訓練でおぼえたものですから、時には、思わず笑ってしまう言葉遣いに出会うことがあります。

バランスが肝心

ある地方都市で、懐石料理の店に入ったとき、昼懐石が好評で忙しいらしく、近所の主婦がアルバイトで給仕を勤めていました。料理を持って来るたびに説明してくれるのは懐石料理の常なのですが、煮物の鉢を持ってきた時に、

これは、里芋を煮て、木の芽であえたやつでございます。

と言われて、ふきだすのをこらえたことがあります。あるいは、レストランで、

スープはでかいほうのスプーンで召しあがってください。

と若い従業員に言われた、という話を聞いたこともあります。

これらは、敬語表現と俗な表現とが混じっている言葉遣いで、いわばバランスの悪い表現です。マニュアル敬語を用いているつもりだったのに、うっかり地が出てしまったというわけなのでしょう。ほかにも、

おふくろさんの病気はその後いかがですか。

お生まれはどこ？　ああ、秋田でいらっしゃいますか。

いつごろこっちへおいでになったのですか。

などもやはりバランスの悪い表現です（143ページ参照）。
決まり文句に慣れてしまうと、その言葉に尊敬・謙譲の意味があることを忘れてしまうこともあるようです。商店の広告の中には、
先着五十名様に豪華粗品を進呈
という宣伝がありました。
言葉のあげ足取りをしたら際限もなくなりますので、このへんで終わりにしますが、一つ付け加えますと、「人」も近頃私が批判するのをあきらめている言葉です。

私は人？

私って、早起きが苦手な人だから……

などの言い方は、私にはどうも気になる表現ですが、今では多くの人が用いています。

「人」というのは敬意を含んだ言葉とされ、相手のことは「人」と呼びますが、自分のことは、「私は○○な人だから」などとは言わず、「私は○○な人間だから」「○○な者だから」と言うのが正しいとされてきたのですが、近頃は、自身を客観的に表現するという感覚で、自分のことを「人」と言うようになったのかと考えられます。

「すごい」

またまたここで一つ雑談をします。敬語とは関係がありませんが、最近の若者の言葉遣いで私が気に入らないことの一つに、「すごい」があります。つまり、

私はすごい元気です。

すごいうれしかった。

などの言い方はどうも認めたくないのです。もともと古語の「すごし」は「殺風景だ」などという意味に用いられていた言葉でありますから、「元気・うれしい」などとつながるのが変だ、という点もあるのですが、それ以上に、「すごい」という形に反発を感じるのです。

「すごい元気だ」という表現を認めると、「花が美しい咲いた」という言い方も正しいとしなければならなくなります。ですから、百歩譲って「すごい」という言葉を用いるにしても、「すごく元気だ」「すごくうれしい」というように「すごく」という形にすべきです。「すごい元気だ」が広まってきたということは、現代語には「すごい」という副詞が生まれたのだろうと考えるしかありませんが、どうも納得しかねます。

なお、この「すごい」と同じように新しい副詞として登場したのが「超」です。もともと「超」は「超自然」「超満員」「超特急」のように、下に名詞を伴って「かけ離れた」「極度の」「最高の」などの意味を示す語（接頭語）だったのですが、近頃は、

昨日の会は超おもしろかった。

などのように使います。もう一つ別の語では、

ソッコーで宿題をすませた。

という言葉も、これが「速攻」なのだと気づくのに時間がかかりました。気づきはしましたが、「宿題」をスポーツの試合のように「速攻」で攻めるというのはどういうことだろうかと、やはり変だと思います。

寒かんべ

国語教師というのは困った人種でして、右のように「すごく」ならばなんとか我慢するが「すごい」はいけない、というように、文法的に誤りだということになる形はどうも認めたくないのです。三十年ほども以前、私は、長女が幼稚園に入るころに、宇都宮大学に赴任することになり、宇都宮市に移転してきました。娘は、幼稚園の仲間との会話で言葉にひどく神経を払うようになり、皆と同調したいという意識がはたらいたせいでしょう、数ヶ月すると、すっかり栃木弁になっており、ある時、

今日は寒いべ。

と言いました。私はすぐに、「そんな言葉は使うな」と注意しただけではなく、

それを言うのなら、「寒いべ」ではなく、「寒かんべ」と言いなさい。

と教えました。ところが、その後幼稚園で娘が「寒かんべ」と言ったところ、友だちから「田舎く

さい言葉だ」と笑われたそうで、「大学の先生」である父親の権威は完全に失墜するという結果を招きました。

私がなぜそのような注意をしたのかというと、この種の言葉は、

寒かるべし　↓（寒かるべい）↓　寒かんべい

よかるべし　↓（よかるべい）↓　よかんべい

というように、形容詞の連体形に「べし」が続いた言葉で、音便（発音上の変化）によって「かるべし」が「かんべい」に変化したものでありますから、「寒かんべ」「よかんべ」が正しく、「寒いべ」「いいべ」などというのは文法的に間違った言い方なのです。ですから私は、「寒いべ」「いいべ」はきたない言葉遣いで、「寒かんべ」「よかんべ」のほうが美しい方言だと考えた次第です。どうも言葉をすぐ文法の尺度で考えてしまうのが国語教師の欠点で、現代の感覚からは少々ずれるのかも知れません。因みに付加すると、昭和四十七年当時、調査した結果では、そのころ三十歳以下の人は「寒いべ」が圧倒的に多く、四十歳以上の人が「寒かんべ」を多く用いていました。

7　丁寧語の表現がふえた

敬語表現も時代によって変化してきましたが、現代の敬語は、丁寧語の表現が次第に多くなって

きたことが特徴です。つまり、面倒な敬語表現を使うよりも、「です・ます」をつければ一応は敬語に近い言い方になるからそれですまそう、という傾向です。そしてまた、従来は敬語の使い誤りだと言われてきた言い方の中にも、丁寧語表現だと解釈される用例が次第に増えてきました。

98ページで、「ご乗車できません」という言い方は本来は誤りだが最近は認める人が多くなった、と述べました。こうした類はほかにもたくさんあります。

参る・申す

例えば、結婚式の披露宴で、司会者が、

祝電がたくさん参っておりますので、ご披露いたします。

などと言うことがありますが、敬語として正しいか否か、多少迷うところです。「参る」という謙譲語を用いることで、祝電を受ける新郎・新婦側に対する敬意は表しているのですが、司会者の立場は、やはり、披露宴を主催する側、つまり新郎・新婦側に立つ者とみるべきでしょうから、ここは、

祝電をたくさんいただいておりますので、

と言うほうが妥当だと考えられます。「参る」を「来る」の丁寧語として用いたのだと解釈することもできないことはないのですが、私は誤りだと判断します。

市役所などに何かの書類手続きをしに行った時、窓口の職員が、

5番の窓口でお申し込みください。

などと言うのはいかがでしょうか。「お……ください」で一応尊敬表現の形にはなっていますが、「申し込み」が問題です。これはもともと謙譲語ですから、役所側が市民に「申し込め」と言うのは、役所を市民より高く扱っていることになり、けしからん態度だと言って怒る人が出ても当然ということになります。確かにこれも誤りと言ってよいのですが、「申し込む」はすでに一つの行為を表す普通の表現であり、謙譲表現という意識が薄れたと判断することもできるのです。そうすると、役所が「お申し込みください」と言っても許してやったほうがいい、ということになります。同じような言葉としては、

　お申し付けください。

　お申し出《い》でください。

なども、現在ではほぼ認められている表現と言えそうです。

駅のホームで、

　1番線にまもなく電車が入って参ります。白線の内側でお待ちください。

という放送を耳にします。これも「参る」を「来る」の丁寧語として用いているのでしょう（本来は「来る」の謙譲語）。

　寒くなってまいりましたね。

なども同じです。

また、動物園のガイドが、
この鳥はトキと申しまして、……
なんと申しましても、ここの施設は日本一です。
などと説明するのも、「申す」が「いう」の丁寧語になった例だと言えるかと思います。
もう一つ、最近耳にすることが多くなってきた言葉に、
失礼申し上げました。
があります。「失礼いたしました」と言うのがよいと思いますが、「失礼申し上げ」る人も多くなったようです。これも「申し上げる」がほとんど丁寧語の意識になっている例でしょう。

いただく

市役所の窓口の係が、「3番の窓口で用紙をいただいてください」などと言うのは、明らかな間違いです（93ページ参照）が、レストランのショーウインドウを見た女性が、連れの友人に向かって、
あら、おいしそうね。いただきましょうよ。
と言うときの「いただく」、あるいは、午後に会う約束をしている人から、確認の電話をもらった時の返事に、
お昼をいただいたら、すぐそちらへ参ります。

と言う場合の「いただく」などはどうでしょうか。「いただく」が「もらう」の謙譲語だと考えると、食事をするのにそんなにへりくだる必要はない、と言えますが、おそらくこれは、「いただく」を「食べる」の丁寧語（あるいは美化語）として用いているのだろうと思われます。あるいは、

はやくお医者さんに見ていただいたほうがいいですよ。

なども、「いただく」が丁寧語化している例と考えられるのかも知れません。

あげる

以前からよく問題にされてきたのが、「犬にえさをあげる」は正しいか、という例です。これも、「あげる」を「やる」の謙譲語とみるから誤りだという結論になるわけですが、父親が子供に、

このおもちゃを買ってあげようか。

などと言う例もありますし、

（せみを捕まえた子供に）かわいそうだから、放してあげなさい。

などと言うこともありますから、「あげる」は「やる」の丁寧語としても用いられるのだと考えてよいかと思います。ほかにも、

田舎の母に北海道土産を送ってあげたら、喜んで電話をかけてきた。
彼がA子にブローチをあげたらしいよ。

など、この類はたいへん多くなりました。
そういえば、オリンピックで入賞したマラソン選手が、

自分をほめてあげたい。

と言ったのが、一時流行語になりました。

いたす

空港のロビーで、

しばらくいたしますと搭乗手続きを始めます。

などという放送を聞くのも慣れてきました。これも、

しばらくすると　↓　しばらくしますと　↓　しばらくいたしますと

というように変化した丁寧表現のようです。同様に、

あと5分ほどで到着いたします。

なども、ごく普通に用いられています。
「お見せする」をさらに丁寧にした言い方に「お見せいたします」があります。これは謙譲語が重なっているように見えますが、こういう場合の「いたす」は丁寧語とみるのがいいようです。謙譲（謙遜）と丁寧との区別はやや微妙ですが、

片付けは私がいたします。　↓　謙譲（謙遜）語

大きな音がいたしましたね。　↓　丁寧語

ということになります。

右にあげたいくつかの例は、いずれも謙譲語が丁寧語化した例ですが、尊敬語が丁寧語化したと見られる例もあります。例えば、

先生、ネクタイが曲がっていらっしゃいますよ。

などの例です。これは、ほとんど誤りの表現と呼んでもいいような例であり、ネクタイを尊敬する必要はないわけですが、もしかすると、「(先生がネクタイを) 曲がった状態で結んでいらっしゃる」というのと同じ意識で、先生に対する敬意を表したつもりかも知れません。しかし形の上ではネクタイへの尊敬表現になってしまいますので、これも「いる」を丁寧に言うつもりで「いらっしゃる」と言った例だと考えたほうがよさそうです。

ほかにも例はたくさんありますが、要するに、従来は尊敬・謙譲の意で用いられていた表現が、最近ではもっぱら丁寧語として多用されるようになった、と考えられる例が増えてきているのです。このように、敬語表現は、丁寧表現を主とするようになっていくのだろうと予想されます。もっとも、丁寧語が増えてきたといっても、

あのですね

しかしですね
それはですね
などと「です」を頻発する話し方は少々しつこい感じがしますし、
これを見ましてもわかりますように、
この問題につきましては、私どもといたしましても、
続きまして、調査の結果をご報告申し上げます。
などの表現も同じですが、このような言い方もおかしいと思わない人が多くなってきているようです。

8 上品にみせる言葉

125ページの「マニュアル敬語」のところで、物事を露骨に言わず漠然とした言い方をするのも敬語意識と通じるものがあると述べました。「ほう」「から」「とか」「みたい」「じゃないですか」などは、私はいまだに抵抗をおぼえますが、一般的には、物事をあからさまに言わず、ぼかした言い方（婉曲といいます）をするのも、一種の敬語表現と呼ぶことができます。それは、例えば、デパートなどでよく耳にする言葉ですが、品物の値段を言うのに、「高い」とか「安い」という言葉が少々

露骨なので、そういうあからさまな表現を避けて、

高い　↓　お値段が張る

安い　↓　お徳用　お求めやすい

などの言い方をすることをさします。これも一つのマニュアル敬語に含めることができるでしょう（「お求めやすい」は、「お求めになりやすい」が規範的な言い方ですが、「お求めやすい」が広く普及しているようです）。

そのほかにも、いわゆる「改まり表現」というものがあります。公式の場などでは、日常の表現よりも少し改まった表現を用いるのが、品位を保つことにもなります。簡単な例をあげると次のような類です（この点については94ページでも少しふれました）。

今から　↓　ただ今より

きょうは　↓　本日は

すこし　↓　少々

どこ　↓　どちら

さっき　↓　先ほど

すぐ　↓　まもなく

接客業に携わる人はもちろん、一般の会社でも、他人と話す時は不自然にならない程度に上品な

言葉遣いをしたいものです。例えば次のような言葉を、より丁寧（上品）に言いかえるとしたら、どう言えばよいでしょうか。

①　課長、この件はどうしましょうか。
②　先日お会いしました時にもお話ししたのですが、……
③　○○さんは私もよく知っております。
④　明日にでも来てくれますか。
⑤　気に入ったらどうぞお持ち帰りください。

これらはさほど難しくはありませんね。いずれも一応は丁寧表現になっていますが、それぞれやや不十分と言えるでしょう。もう少し丁寧（上品）な言い方としては、次のようになります。

①　この件はいかがいたしましょうか。
②　お目にかかりました時にも申し上げたのですが、
③　私もよく存じ上げております。
④　ご足労いただけますか。（「おいでいただけますか」でもよい）
⑤　お気に召しましたら

もちろん、必要以上に上品にふるまおうとすると、時にはいやみに聞こえることもありますから、場に応じた言葉遣いを心がけることが大切です。

9 「寒かったです」はおかしくないか

「です・ます」が多用されることと関連して、一つ別の観点からの話をします。かなり文法的な話になりますが、しばらくご辛抱ください。

まず課題の形式で提示します。

1　次の①から④の文について、
　規範的な言い方だと思うものには○印
　一応認められるがややおかしい言い方だと思うものには△印
　一般的には使わない言い方だと思うものには×印
を、それぞれつけてみてください。

①　寒かったです
②　なかったです
③　静かだったです
④　行ったです

２　右の例文はいずれも「……たです」の形ですが、それぞれを「……でした」（あるいは「……ました」）の形にしてみて、それにも○・△・×の印をつけてください。

さていかがでしたか。文法の問題としては、「です」と「た」との続き方はどうなるのか、ということなのですが、形容詞に「です」がつく言い方が認められるかという、言葉の変化に関する問題だとも言えます。

右の課題に対する解答をまとめると、次のようになります。

①　○寒かったです（本来は「寒うございました」が正しい）　×寒いでした
②　△なかったです　○ありませんでした　×ないでした
③　△静かだったです　○静かでした
④　×行ったです　○行きました

こうしてみると、「たです」と「でした」とは、どちらがよいのか、言葉によってまちまちであることがわかります。この違いは、①②が形容詞、③が形容動詞、④が動詞、という点にあります。「寒かったです」は、現在では○印をつけざるをえないのですが、本来は△か×になる言い方だったのです。私が子供のころは、こんな言い方をすると親に叱られました。もともとは、

寒うございました。

というのが正しい形とされていたのですが、次第に「寒うございました」は丁寧過ぎるという感じの表現になり、「寒かったです」が広く一般に用いられるようになりました。

ただし、次のような慣用的表現には、もとの形が残っています。

おはようございます

ありがとうございました　（「ありがたかったです」とは言わない）

また、下に「ね」「よ」「か」などの助詞が続く場合は、「寒かったです」も自然に用いられます。なぜそうなるのかはわかりませんが、おそらく、「ね・よ・か」などが続くと、より話し言葉的になるため、抵抗感が薄れるのだろうと想像されます。

昨日は寒かったですね。

青森は寒かったですか。

もちろんこれも本来は「寒うございましたね」「寒うございましたか」だったのですが、今では「寒かったですね」「寒かったですか」のほうが多く用いられます。

文法的な説明をすると、「形容詞＋です」（「寒いです」「多いです」など）は、昔は誤りとされていたのですが、現在は一般化したと言えるのです。前にも引用した国語審議会の「これからの敬語」でも、「大きいです」「多いです」を、平明・簡素な言い方としてむしろ一般化することを奨励する方向で取り扱っています。「寒いです」が普通になれば「寒かったです」も抵抗なく受け入れられるようになるでしょう。

古語では一定

もう少し説明を補いますと、ずっと昔の日本語、つまり古文では、「です」と「た」とに相当する言葉の続き方は、決まっていました。「です」に相当する古語には「侍り」「候ふ」などがあり、「た」に相当する古語には「き」「けり」などがありますが、その続き方は、常に「侍りき（侍りけり）」「候ひき（候ひけり）」の順になっており、形容詞・形容動詞に続く場合でも、

寒く（寒う）候ひき（けり）
静かに候ひき（けり）

のように変わりはなかったのです。今でも、方言の中には古語の文法が守られているものがあります。例えば「寒うがんした」「静かでごわした」などという形であり、乱れはありません。共通語のほうが変化しつつあるのです。

「ない」は特別

形容詞の中でも、「ない」は特別です。動詞「ある」の否定語に「ない」という言葉があるのは日本語の特徴の一つだという人もいます。すなわち、一語で「非存在」「不所有」などを表す言葉はむしろ珍しいらしいのです。英語では例えば、

I have no money.

He does not understand.

のように、動詞（have、do）に否定語（not）をつけるか、have の次に「no money」と言うかしますし、中国語でも「有」（ある・持っている）の否定は「没有」で、「在」（ある・いる）の否定は「不在」というように、その動詞に否定語をつけます。ところが日本語では、

持っている＝ある　↑↓　ない

存在する＝ある　↑↓　ない

というように「ない」一語で「持っていない・存在しない」の意を表します。そして、丁寧表現でも、

あります　↑↓　ありません

ありました　↑↓　ありませんでした

という対応になっております。古語では、「ある」の否定に「あらず」が存在し、江戸時代には「あらない」という形も存在したのですが、今は両方とも言わなくなりました。

せいぜい、「あらぬ方を見ている」のように、やや古めかしい言い方の中に残っているだけです。

「静かでした」は自然

形容動詞の場合は、基本形が「静かだ」のように「だ」で終わるため、「だ」の丁寧表現が「です」になるのと同様に、「静かです」が普通の言い方

になります（前にも述べたように古語では「静かでございます」の形が普通であった）。そのため「た」がついても、「静かでした」が普通であり、「静かだったです」は少しおかしい、ということになります。しかしこれも、「寒かったです」が一般化するのにつられて、「静かだったです」が多くなっていくのかも知れません。

「行ったです」はタラちゃん？

動詞の場合は、そういう変化が最も遅れており、

行ったです

などと言うのは、テレビ漫画「サザエさん」のタラちゃんくらいです。戦後まもないころ、大辻司郎という漫談家がいて、「家があるです」「酒を飲むです」などという言葉遣いをして笑いを誘っていましたが、それはあくまでもおかしな言い方をして笑わせていたのです。現在ではまだ「行ったです」は間違いとされますが、しかしこれも、「寒かったですよ」と同じように、「ね」「よ」などが続く場合は、比較的抵抗がなくなってきました。つまり、「行きましたね」「行きましたよ」に匹敵するくらい「行ったですね」「行ったですよ」も使われるようになってきたようです。

言葉は時代に従って変化するものですが、「です」と「た」との続き方は、その典型的な例と言えましょう。

10　「あなた」は使いにくい

国語審議会の「これからの敬語」では、二人称代名詞は「あなた」を基準とする、と述べています。当時はそれが新しく望ましい言葉と考えられていたのだと思われます。しかし、「あなた」は次第に敬意のレベルが下がってきたようです。

「あなた」の下落

本来、「あなた」は「あちらのほう」という、方角を意味していたのですが、前にも述べたように、場所を表す言葉によって人物をさす言い方ができました。しかもそれは尊敬表現だったのです（125ページ参照）。現在でも、「そちら様」「どちら様」などという呼び方がありますが、これも、場所や方角を人物の敬称に用いている例です。したがって、「あなた」は敬語なのですが、次第に地位が下がって、今では、同輩または目下の人に対して用いる言葉になりました。目上・年上の人に対して「あなた」と呼ぶことはおかしい、という感覚が一般的になったのです。

しかも、「あなた」は女性が多く使う言葉になったため、次第に「おまえ」が男性語、「あなた」が女性語、というように考える人が多くなり、ますます使われる範囲が狭くなったようです。

「あなた」では喧嘩にならない

大学紛争が激烈だった一九七〇年から一九七五年のころ、私の所属していた大学でも、連日のように、「全学連」の学生たちとの団体交渉が行われていました。あの憂鬱な時間の中で一つだけ発見したことは、学生たちと教官たちとのやりとりの中で、相手を呼ぶ言葉に関しては圧倒的に教官たちが有利だったという点です。教官たちは学生を「君たちは……」と呼ぶのに対して、学生は教官を呼ぶ言葉に苦労していたのです。対決している「敵」ですから、「先生」と呼びたくはないのです。しかし、「あなた」では力が入らず、喧嘩になりません。だからといって、「おまえ」と呼ぶと、教官側が、「おまえとは何だ」と憤慨してしまい、交渉になりません。しかたなく彼らは、「よう、わからないかよう」などと、相手を呼ぶことをあきらめた言い方を選ぶことになります。相手をきちんと示さない追及とはまことに迫力を欠くものだということを知り、この点だけは学生に同情しました。

因みに、「おまえ」も、本来は「貴人の前」「貴人のそば」の意から転じて、相手（貴人）をさして呼ぶ言葉になったものですが、江戸時代ごろから対等の相手にも用いるようになり、江戸時代末期には、対等もしくは下位の者を呼ぶのに用いられるようになって、明治時代以後はもっぱら下位の者を呼ぶ言葉になりました。

外国人学生が不思議に思うことの一つに、日本語にはどうしてたくさんの人称代名詞があるのか、という点があります。たしかに、二人称の代名詞をちょっと並べてみるだけでも、

あなた　あんた　君　おまえ　おめえ　貴様　てめえ

（古い言葉では）貴殿　汝　そのほう　御前（ごぜん）

など、かなりの数が数えられます。なぜこんなにあるのかという問いには、明快には答えられないのですが、私は、留学生などに対しては、

広く使えるものがないから、いろいろ工夫してたくさんの数になったのだろう。だから、二人称代名詞はなるべく使わないほうがいい。

と答えています。これは決して正しい答とは言えないかも知れませんが、外国人が日本語の二人称代名詞を使う場合の参考にはなると考えています。

すなわち、日本語の二人称代名詞は、いずれも、なんらかの待遇表現（尊敬、謙譲、軽蔑など）の意味がついてまわるのです。そのため、誰にでも使える言葉（英語の you に相当するもの）がなく、相手を呼ぶのに苦労するのです。

その結果、日本人は、次のようなものを使って相手を呼ぶことにしています。

ア　名前で呼ぶ　　花子さん　太郎君　青木さん　など。

イ　親族の呼び名で呼ぶ　　お父さん　お兄さん　叔父さん　おじいちゃん　など。
ウ　職業や地位で呼ぶ　　先生　検事　社長　課長　主任　警部　など。
エ　立場で呼ぶ　　お客さん　だんな　奥さん　など。

これが日本語の特徴です。代名詞の敬語意識を避けるため、こうした便法が考えられてきたのでしょう。

このことと関係が深いのだろうと思いますが、7ページでも述べたように、日本語では、一人称や二人称はなるべく明示しない、という傾向が生まれました。その代わりに、敬語によって区別する形が多いのだと言えます。例えば、次の例を見れば、誰の行動を言っているのか、すぐわかるはずです。

どちらへお出かけですか。
明日、お迎えにあがります。
おっしゃってくだされば、いつでもお送りいたします。
何度も言われて、ようやく決心いたしました。

最後の例は、「何度も言われて」は「（いろいろな人に）言われて」か「（彼に）言われて」か、どちらかですが、ふつうは、「（あなたに）言われて」ではありません（敬語が用いられていないから）。仮に「あなたに」ならば、その「あなた」は友人です。

別な方向から説明を補いますと、次のような言い方はしないのが原則です。

あなたの本を拝見しました。

この場合は、ふつう、次のように言います。

ご本を拝見しました。

因みにもう一つ。私が高等学校に入ったころ、体育（柔道）の先生が、並んだ生徒を前にして、

このクラスは手前が担当します。

とおっしゃたので、私は、ずいぶん古めかしい先生だなと驚いたものです。日本語では先にも述べたように、一人称もあまり言わないことが多いのであって、先の体育の先生も、

一年間、このクラスの授業を担当します。

とだけ言うほうがふつうかも知れません。私自身も、長年の間、自分のことをさすのには「ぼく」を多く用いてきて、「私」が自然に出るようになったのは、だいぶ年齢を重ねてからのことです。それもぜひ必要だという場合以外は、自称の言葉は省略して話すことが多いのです。

もう一つ、日本語の人称の特徴と言えそうなのは、次のような呼び方が、きわめて多いということです。

家族の呼び方

① （妻が夫に向かって）お父さん、帰りは遅くなるのですか。

②（母親が娘に向かって）お母さんが買ってきてあげます。
③（母親が娘に向かって）おねえちゃん、遠足の用意はすんだの？
④（婦人が、自分の母親に向かって）おばあちゃん、テレビを見ましたか？
⑤（バスの中で、老婦人が娘である婦人に向かって）お母さん、ここの席があきましたよ。
⑥（婦人が、道で泣いているよその子供に向かって）ぼく、どうしたの？

日本語における人称代名詞の用法については、鈴木孝夫氏の『ことばと文化』が詳しいので、私はいつも利用させていただいていますが、家族の呼び方に関する日本語の特徴として、

家族内の最も年少の者を基準にして呼ぶ。

という習慣があるのです。つまり、最年少の者が「ぼく」で、その姉は「おねえちゃん」と呼ばれます。自分の夫でも「お父さん」になるし、母親でも「おばあちゃん」になってしまうのです。それは二人称だけではなく、父親が子供に対して自分のことを「お父さん」と呼ぶように、自称（一人称）にまで用いるのです。

私は、何十年も以前、結婚したばかりのころは、妻を呼ぶのにひどく苦労しました。「おい」や「おまえ」は論外としても、「弘子」と呼び捨てにするのも威張っているように聞こえるし、さりとて「弘子さん」と呼ぶのは照れくさい。やむをえず、用がある時は、そばまで近寄って、「ねえ」とか「あのね」とかいう形で話しかけるほかはありませんでした。

ですから、子供が産まれた時は、「ああ、これで妻を呼ぶ言い方ができた」と、心からほっとしたものです。もうなんの心配もなく「お母さん」と呼べるのですから。

私の息子や娘は、それぞれに結婚していますが、夫婦で互いに名前を呼び合っているので、時代は変わったのだなあと痛感しています。しかし、息子や娘が子供をつれて私の家にしばしば来るのですが、それは楽しい反面、いささか憂鬱にもなります。なぜなら、家中の者が私のことを「おじいちゃん」にしてしまいますから。

人の呼び方（補足）

水谷豊氏が『日本語の生態』の中で用いている例を拝借しますと、次の言葉は、さまざまな意味を含むことになります。

ぼくが何をしたか、お父さんにちゃんと言いなさいよ。

この表現の意味の可能性をすべてあげるとしたら、かなり容易ではありません。なにしろ、「ぼく」は、①話し手自身、②話し手の子、③よその家の子、などが考えられますし、「お父さん」も、①話し手自身、②よその子の父親、③（母親の言葉だとしたら）話し手の夫、などが考えられますので、それらの組み合わせを考えるとずいぶん多くの場面が数えられます。もちろん、ふつうには、文脈の中でわかるようになっているはずですが。

名前で呼ぶのにも、その下につける言葉に「さん」と「くん」とがあって、使い分けている人

と、一つですます人、いい加減に使っている人など、さまざまです。常識的には、

① 男性には「くん」、女性には「さん」

② 年上（地位が上）の人には「さん」、年下（地位が下）の者には「くん」

というような基準があるのですが、どちらの基準を優先するかは、個人差があります。私は、長い間、学生を呼ぶのには、男子でも女子でも「○○くん」と呼んできました。ある同僚から、「女子学生はクンづけで呼ばれると驚くらしいよ」と言われて、その後はなるべく「さん」を用いるように心がけていますが、なんとなく窮屈な感じがしています。

国語審議会の答申「これからの敬語」では、「さん」で統一するのが望ましいというように述べています。妥当な考えでしょう。しかし、小学校では、生徒同士が相手を呼ぶのに、男子には「くん」、女子には「さん」と使い分けている所が多いようです。

「くん」と「さん」とは、以前から議論の分かれるところですから、いっそのこと、全部「さん」にしてしまえば、問題はなくなるのでしょう。

ただし、学校の教師同士の会話の中で、学生（生徒）の名を言うのに「さん」づけをしているのを聞くと、私などは変な気がします。そういう時は、「青木が」「佐藤の母親が」のように言うほうが、私には自然な感じがします。

また、作家とか歌手とかに「さん」をつけるのも、少々妙な感じがします。「夏目漱石さん」「中

島みゆきさん」などというと、親しい仲でもないはずなのに、と、むしろ不自然な印象を与えます。「夏目漱石の『門』」「中島みゆきの『時代』」のほうがふつうです。

井伏鱒二の『槌ツアと九郎治ツアンは喧嘩して私は用語について煩悶すること』の中では、人の呼び方には

「サン」「ツアン」「ヤン」「ツア」「サ」

という順（序列）があるといいますし、大石初太郎氏の郷里（静岡県の農村）では、

○○サン……医者と巡査だけ
○○サマ……地主だけ
○○サ……あとの全部

という区別があったとのことです。（『敬語』）

11　敬語を使いすぎるな

丁寧に言うのがよいと思い込んで、必要以上に敬語を使う人もいますが、それはかえって相手に不快な印象を与えることにもなります。

二重敬語

その典型が二重敬語です。二重というのは、一つの言葉について同じような種類の敬語を重複して使うことをいいます。これらは、あまりよくない表現だと考えられてきました。その類型としては、

1．「お……になる」に「れる」をつけるもの

例　お帰りになられる。

お話しになられます。

2．「なさる」に「れる」をつけるもの

例　見学なされる方はこちらへどうぞ。

昨日帰京なされました。

3．敬語動詞に「れる」をつけるもの

例　御覧になられた方は

先生が召しあがられたのは

ただし、慣用的に用いられ、ある程度許容されるものもあります。例えば、

お見えになる。

お召し上がりください。

コートをお召しになってください。

などです。これらは、以前文化庁が調査した結果（平成十年の世論論調査など）をみても、おかしいと答えた人はかなり少なかったようで、ほとんど認められていると言えそうです。もっとも、右の１にあげた類の「おいでになられる」「おっしゃられる」「御覧になられる」なども、気になると答えた人は半分以下だったそうです（「おいでになられる」などは、七〇％の人が「気にならない」と答えています）から、二重敬語は一般の人にはさほど抵抗がないのかも知れません。とりわけ、商業関係の人には、自分も使うと答えた人が多かったそうで、いわゆる「商業敬語」が一般にも影響しているのだとも言えます。

なるべく簡素に

二重敬語はどうしても敬語の使い過ぎという印象がぬぐえませんから、これからの敬語表現を考えるうえでは、やはり、できるだけ簡素な表現を心がけるのがよいと思います。したがって、

お読みになられる　　お話しになられる

などは、

お読みになる　　お話しになる

のほうがよいと考えるのが妥当でしょう。ただし、

お読みになっていらっしゃる

は、さほど抵抗感のあるものとは言えません。たしかに重複した敬語表現ではありますが、「……ている」という形であり、「読む」が「お読みになる」、「ている」が「ていらっしゃる」というように、ある程度別々の言葉という感じを持ちますので、二重敬語という意識が多少薄らぐのだと思われます。もちろん、

お読みになっている。

読んでいらっしゃる。

という言い方でじゅうぶんですから、「お読みになっていらっしゃる」はあまり推奨できる言い方ではありません。同様に、

お休みになっていらっしゃいます

も、なるべく、

お休みになっています。

という形のほうがよいと言えましょう。

もう一つ、ある年配の婦人からの質問で、

「ご逝去された」は間違いだと聞きましたが、なぜですか。

というのがあり、私も少々迷いました。間違いではありませんが、「逝去」が敬語である上に「ご」「され」と重なる点が少々気にはなります。一般的には、

逝去なさいました。

お亡くなりになりました。

のほうがよいと思いますが、「ご逝去された」も認められている表現だと言えそうです。とりわけこの例のように「逝去」を言う場面というのは、可能な限り丁寧な言葉遣いを心がける場面ですから、このような表現を用いたくなるのも当然です。しかも、後にも述べるように、「ご……される」という言い方が、最近とみに増えてきましたので、もはや新しい敬語表現の一つとみるほかはないようです（189ページ参照）。

途中の「ます」「です」

二重敬語ではありませんが、文の末尾に「です」「ます」があれば丁寧表現になりますから、その文の途中には「です」「ます」をつける必要はありません。例えば、

次回の総会におきまして決定いたしたいと存じます。

いくらお金を払いましても手に入りませんでしょう。

などは、それぞれ、

次回の総会において決定したいと存じます。

いくらお金を払っても手に入らないでしょう。

と言うほうが、簡潔でもあり、印象もよいものになります。

12　あちらを立ててこちらも立てる（二方面への敬語）

いよいよ、敬語表現で最も難しい事柄に入ります。これは、本書でも今までなるべくふれないようにしてきた事柄ですが、実際にはこれが最も会社員などを悩ませる敬語法なので、どうしても扱わざるをえません。いささか厄介な説明にもなりますが、辛抱してつきあってください。少々面倒ではありますが、実際の場ではすぐ当面する問題でもあるのですから。

敬語の中で最も難しいのが「二方面への敬語」と呼ばれるもので、同時に二人の人物への敬意を表す表現です。

現代語は不便？

初めに、課題の形で提示します。次の場面を考えてください。

先生のお宅へ伺ったが、あいにく先生はお留守で、応対に出たのは先生の奥様でした。帰る時に、先生によろしく伝えてほしい、ということを奥様に言うのには、どのような言葉遣いを用いますか。

いかがでしょう。途中までは簡単に言えます。

では、先生がお帰りになりましたら、どうぞよろしく

問題はその次です。敬語の知識をある程度持っている人ほど困るようです。例えば、

先生がお帰りになりましたら、どうぞよろしくお伝えください。

と言ったらどうでしょうか。奥様は気持よく伝言してくださるかも知れませんが、これでは、肝心の「先生」への敬意が示されていないのです。つまり、「お伝えください」は「お……ください」の形ですから、伝えるという動作の主である奥様への敬意は表していますが、先生に対する敬語がありません。まさか奥様が録音しているはずはありませんから、先生にそのまま聞こえるわけではありませんが、気になるところです。

伝えるという動作の対象（受け手）である先生への敬意を表明するには、「お……する」の形を用いる必要がありますから、

先生がお帰りになりましたら、どうぞよろしくお伝えしてください。

と言えば、一応は敬語法にかなった表現になります。しかし、後にも述べますが、この形では、奥様への敬意がじゅうぶん表明されたとはいいにくい面があるのです。つまり、「ください」はもちろん尊敬語なのですが、現在ではほとんど丁寧語のように用いられていますので、この程度では、

奥様に対する敬意がじゅうぶんだとは考えにくいのです。もう少し丁寧に言おうとして、

どうぞよろしくお伝え申し上げてくださいませ。

などと頭の中で考えても、なんとなくわざとらしい言葉遣いに思われ、すらすらと口に出るというわけにはいきません。

そのため、こういう場面では、たいていの人は、

では、先生がお帰りになりましたら、どうぞよろしく……。

とだけ言って、言葉の末尾はうやむやにして聞き取れないようにしてしまうのです。

これが手紙などですと、なおのこと困ります。例えば、よく使う表現に、

先生にもよろしくご伝声ください。

などがありますが、「ご……ください」で相手（手紙の受け取り人）への敬意は示せたものの、先生への敬意はないのです。話し言葉ならば、むにゃむにゃとごまかせても、書き言葉では証拠が残ってしまいますから、弁明のしようもありません。

古語の場合

古語ならばこれは簡単だったのです。古語には、二方面への敬語というものが明確な形で存在していました。次の例を見てください。

① （かぐや姫は）いみじく静かに、おほやけに御文奉りたまふ。（竹取物語）

《たいへん落ち着いて、天皇にお手紙をさしあげなさいます》

② （光源氏を）かかるついでに見たてまつりたまはむや。（源氏物語・若紫）

《このような機会に、拝見なさいませんか》

③ （天皇が藤壺中宮に）「いかが見たまひつる」と聞こえたまへば、（源氏物語・紅葉賀）

《「どのように御覧になったか」と申し上げなさいましたところ》

④ 母上は、君をこそ、兄君よりはいみじう恋ひきこえたまふめれ。（大鏡・伊尹）

《母上は、あなたさまを、兄君よりはずっとお慕い申し上げていらっしゃいました》

古語の二方面への敬語は、「たてまつりたまふ」と「きこえたまふ」とが代表的な形で、用例も多いので、右では、〈動詞＋補助動詞〉の例と、〈補助動詞＋補助動詞〉の例とを、それぞれ一つずつあげておきました。

①は、「奉り」が「やる」の謙譲語（対象尊敬語）で、動作の受け手である「おほやけ」への敬意、「たまふ」が尊敬の補助動詞で、動作主であるかぐや姫への敬意を、それぞれ表しています。

②は、「たてまつり」が見る対象である光源氏への敬意、「たまは」が話しかけた相手（見る動作の主）への敬意を、それぞれ表しています。

③は、「聞こえ」が「言ふ」の謙譲語で、動作の受け手である藤壺中宮への敬意、「たまへ」が、動作主である天皇への敬意を、それぞれ表しています。

④は、「きこえ」が「君」への敬意、「たまふ」が「母上」への敬意を、それぞれ表しています。

このように説明しますと、かなり面倒な感じを持つ人もいるかも知れませんが、それは、現代語にはほとんどなくなった表現法であるために面倒に感じるのです。敬語に慣れてくれば、むしろ人間関係を読み取る上で便利なのが敬語法です。先にあげた先生への伝言にしても、古語ならば、

先生帰りたまはば、よきに聞こえたまへ。

とでも言えば、「聞こえ」で先生への敬意、「たまへ」で奥様への敬意が示せますので、なんの苦労もないのです。現代語のほうがこういうときには適切な表現がないので困ると言えましょう。

「ください」は丁寧語

先に、「お伝えしてください」という言い方で二方面への敬語になっているのではないか、という話をしました。たしかに、「お伝えして」で先生への敬意、「ください」で奥様への敬意が示せると言えるのでしょうが、現代語の「……てください」は、あまり尊敬語という感じがなくなっているのではないでしょうか。

昔、私が子供のころは、お菓子屋さんや文房具屋さんに行く時は、店に入りながら、

くださいな。

と、一音一音伸ばすような節をつけて呼びかけました。この「くださいな」にも、尊敬という意味はほとんどなく、「ちょうだい」よりも丁寧な言い方という意識だったと思いますが、決まり文句

のようなものでした（もちろん「くださる」は尊敬語なのですが）。

さらには、昔は、豆腐屋さんは荷を自転車に積みラッパを吹いて街を走り、屑屋さん（金属類などの屑を回収する業者）はリヤカーを引いて、「屑ーい、お払い」と家々の前を歩いていました。そこで例えば、屑屋さんを路上で見かけた奥さんが、

ちょいと屑屋さん、そこの角から二軒目の野村ですけど、あとでうちへも寄ってくださいな。

などと頼むこともありました。この場合の「ください」もほとんど丁寧語と呼んでいいだろうと思います（「寄ってちょうだい」より少し丁寧という感じ）。さらには、現在でも、例えばタクシーに乗って、

そこを右に曲がってください。

などと言う場合も同じです。

したがって、現代の語感では、「お伝えしてください」くらいでは、「ください」で相手への敬意が示せたとは考えにくいのです。そうすると、現代語には二方面への敬語がほとんど消滅したと言えるのではないかと私は思います。

敬語で困る場面

二方面への敬語が衰えてしまった結果、現代人が苦労する場面という例をいくつかあげてみましょう。前に、53ページで、営業部長から総務部長がい

るかと尋ねられた時の社員の返事が難しい、という例をあげましたが、さらにいくつかの例を考えることにします。

（その1）昔世話になった先生が病気にかかっている、ということを母親から聞いて、先生の所へ見舞いに行った時、「母から聞いた」ということを先生に言う場合、どう言えばよいでしょうか。

例えば、

ご病気だと母から聞きましたが、

としたのでは、どうも適切な表現とは言えません。それでは、

ご病気だと母からうかがいましたが、

と言えばよいかというと、「聞く」の謙譲語を「母から」に続けたことになるので、母親への敬意を示すような形になってしまいます。したがって、

ご病気だとうかがいましたが、

とだけ言うのが正解になります。あるいは、

ご病気だと母が申しておりましたが、

と言うのがよいでしょう。

（その2）課長が「部長を呼んできてくれ」と部下に命じた時、その社員は、部長の部屋に行って、どう言いますか。

まず、

部長、課長がお呼びになっています。

は駄目でしょう。これでは、課長への敬意だけで、目の前の部長へのに敬意が示されていません。だからといって、

部長、課長がお呼びしております。

と言えば、部長への敬意は表れていますが、課長への敬意を示す言葉がないので、少々気がひけるかも知れませんし、もしかすると、部長が、「この男は自分の課長に対して敬語も使わないのか」と、社員としての資質を疑うことになるかも知れません。

こういう場合の逃げ道は、一つには、「お……だ」の形（84ページ参照）を用いて、

部長、課長がお呼びです。

と言うのがよいと思いますが、それでも心配ならば、

部長、課長が「お呼びしてくるように」とのことです。

のように直接話法を利用するのが、最も適切な方法です。

（その3）会議室で課長が待っている、ということを部長に伝えるように命じられた場合、部長の部屋に行ってどう言いますか。

これは前のケースと同じです。まずいのは次のような言い方です。

部長、課長がお待ちになっています。

部長、課長がお待ちしております。

部長、課長が待っています。

前と同じく、次のように言うのがよいということになります。

部長、課長がお待ちです。

部長、課長が「会議室でお待ちしている」とのことです。

（その4）部長に報告する件を、課長から部長に伝えてほしい、ということを課長に頼む場合は、どう言いますか。

これが、逆の場合、つまり部長から課長に伝えてほしいという場合ならば、簡単です。

課長には、部長からおっしゃっていただけませんか。

と言えば問題はありません。しかし、課長から部長に、という場合は困るのです。

部長へは課長からおっしゃっていただけませんか。
部長へは課長から申し上げていただけませんか。
の両方とも、気になるところでしょう。どちらも駄目ならば、残る手は一つ、
部長へは、課長のほうからどうぞよろしく、……。
と語尾をはっきり言わずに逃げるしかありません。

（その５）開発会議などで、部長も課長もその場にいる場合、課長が述べた意見を受けて自分が
補足する見解を述べる時は、どう言えばいいでしょう。

社長も同席している、となるといっそう緊張しますが、とりあえずは部長・課長の両方とも同席
しているという場面で考えましょう。

もうだいたい理解していただいたことと思いますので、簡単に結論を言いますと、
ただ今課長がおっしゃった件ですが、
ただ今課長が申された件ですが、
ただ今課長が申し上げた件ですが、
ただ今課長が話した件ですが、
ただ今課長がお話しになった件ですが、

ただ今課長がお話しした件ですが、

は、いずれも具合が悪い点をもっています。これも、もはやどうにもならないと観念して、

ただ今の、課長のご意見ですが、

としておけば、社長も部長も、ほかの社員も、不自然だとは思わないはずです。

（その６）Ａ先生がＢ先生の著書を読んで、たいへん感心していた、ということをＢ先生に手紙で伝える、という場合、どう言えばよいでしょうか。

これは実際に私が同僚から質問されたことです。おそらく「読んだ」という部分をどのように言えばよいかという問題だったと推量されます。つまり、

Ｂ先生がＡ先生のご本を拝読しました

ではＡ先生への敬意だけになります。「拝読」は自分が読んだ場合に用いる言葉ですから、「Ｂ先生が拝読した」とは言えません。さりとて、

Ｂ先生がＡ先生のご本を拝読なさいました

と言うのも、無理に二方面への敬語を作り上げたようで、少々わざとらしい感じがする、という悩みだと思われます。

この場合は、いろいろ考えてもしかたがないので、次のように言えば、とくに二方面への敬語を

気にする必要はないと思います。

先日、B先生にお会いいたしましたが、B先生は、A先生のご著書をお読みになったそうで、「たいへんすばらしい」と激賞していらっしゃいました。

13 相手への配慮が敬語の基本

ここでは一つの点だけを述べます。12でとりあげた「二方面への敬語」は、最も厄介な事柄であり、現代語の弱点とも言えるところです。ただ、一つだけ原則のようなことを補足しますと、とりあえずは、目の前にいる人への敬意を示す言葉遣いをすれば、たいていの場合大きな問題にはなりません。初めに例示した先生への伝言を奥様に頼む場合でも、

どうぞよろしくお伝えください。

で、ふつうは大丈夫ですし、前項の（その4）で取り上げたような、課長から部長に話してほしい、ということを課長に言う場合でも、

課長から部長におっしゃっていただけると助かります。

と言うのが、最も妥当なところだと思います。部長への敬語はありませんが、課長に対して敬語を用いているのですから、部長には当然敬語を用いる気持ちがある、ということを間接的に示すこと

にもなるだろうと考えられるからです。

繰り返しになりますが、相手（聞き手）への配慮が敬語の基本だと心得ておけばじゅうぶんです。会社という場は、最も複雑に人間関係が絡み合っている場だと想像しますし、前項の（その5）のような場面が最も苦労するところでしょうが、右に述べたような点を考えて、いろいろ工夫してください。

14　相手の行動を重く自分の行動は軽く

ここで取り上げる事柄は、直接に敬語を扱うのではないのですが、気配りという点で、敬語と一脈通じるものがありますので、ここに記すことにします。

次の会話をみて、日本語の表現の特色として、どのような点が考えられますか。

客「私は大学時代にお世話になった渡辺と申しますが、鈴木先生はご在宅でしょうか」

妻「まあ、せっかく遠い所を、わざわざおいでくださいましたのに、鈴木は、あいにく今ちょっと外出しております。まことに申し訳ございません」

客「いいえ、どうせ仕事ついでにちょっとお寄りしただけですから……。どうも失礼いたしました。ではまた折をみてお伺いいたします」

これは、私が中国の大学で教えていたころ、学生たちに提示した課題です。私がなぜこのような課題を示したかというと、当時、私が中国人教師の一人を部屋に訪ねた時に感じたことを、学生たちにも理解させようとしたためです。当時の中国では、独身者の教師は、教師用アパートの一つの部屋を二人で使用していました。さて、私が、李先生が在室か否かを尋ねたところ、同じ部屋に暮らしている英語担当の教師が、

プーザイ（不在）。

と答えました。簡単明瞭なこの返事に、私は一瞬言葉を失いましたが、「では、また来ます」と言って帰りました。私がなぜとっさに何の応対もできなかったかというと、私が日本人だからだと思います。つまり、日本では、「いない（いません）」とだけ答える人はほとんどいませんから、そういう返事を聞くこともないのです。そこで、学生たちに対して、日本語の会話とはどういうものか、ということを理解させるために、先に示したような課題を提示したのです。もちろん、強調するためにかなり誇張した形で示してあります。

まず、右に例示した会話で、「妻」の言葉の「せっかく」「わざわざ」「あいにく」などに注目してください。相手の行動については高く（重く）評価し、自分（自分の夫を含む）の行動についいて

は低く（軽く）評価する、というのが、日本的な一つの礼儀になっています。「ちょっと外出しております」も同じです。仮に三日前から学会で東北へ出かけているという場合でも、「ちょっと外出している」という言い方をするのがふつうです。「三日前から学会です」などと言うと、そんなことも知らずに来たのか、というように聞こえてはまずい、という配慮が、「あいにくちょっと」という表現を生むのです。前に51ページで、課長がいないことを、「席をはずしています」と社員が言うのも、「あいにくちょっと」という気持をこめた礼儀なのです。

客のほうも、「どうせ」「ついでに」「ちょっとお寄りしただけ」と、自分の行動を低く（軽く）評価して、不在中に訪ねたことを「どうも失礼いたしました」と詫びる形（不在中に来たのは別に詫びることでもないのですが）をとります。

もちろん、こういう言葉遣いがあまりに多すぎますと、それこそ慇懃無礼に聞こえる恐れもありますが、少しはこういう表現も入らないと日本語らしくならないのだ、ということを私は中国の学生に教えた次第です。

この類のことは、従来からよく例に出される次のような言い方にも表れています。

つまらないものですが、どうぞお納めください。

何もございませんが、どうぞ召しあがってください。

（リンゴを五つほど持って行き）ほんのお一つですが、よろしければどうぞ。

15　挨拶・手紙

敬語や気配りと関連して、挨拶と手紙について、少しだけふれておきます。

こんにちは

　最近は、学生から「先生、こんにちは」と挨拶されることが多くなりました。おそらく彼らは、朝ならば「おはようございます」、昼になれば「こんにちは」だと考えているのだろうと思います。123ページでも少しふれましたが、本来は、「こんにちは」はあまり親しくない相手に対して使う挨拶語であり、また、目上の人には使いにくい言葉だったはずです。家族同士で、

　お父さん、おはようございます。

とは言いますが、

　お父さん、こんにちは。

とは言いません。また、毎日顔を合わせている会社の同僚にも「こんにちは」とは挨拶しないでしょう。日本人の挨拶は、

　いやあ道路が混雑していましてね。

ずいぶん寒くなりましたね。

などという形が多いようで、「こんにちは」と言って部屋に入って来るのは、出入りの商人くらいなものでしょう。「おはようございます」がいつでも誰にでも使える挨拶なのに対して、「こんにちは」はかなり制約があるように思われます。しかし現在では、「こんにちは」がかなり広く用いられるようになりました。

ごめんください・すみません

昔、私が子供のころは、友だちと遊ぼうという時には、その子の家の前へ行き、大きな声で、
○○ちゃん、遊びましょ。
と、独特の節をつけて呼びかけました。因みに、誘われたほうは、遊ぶ気があれば、
はあい。
と、これまた一種の節（音符でいえばミドミまたはソミソかな）を付けた返事をし、遊びたくない時は、
あーとーで。
と、「はあい」よりもそれぞれ一拍ずつ長い節で答えました。
今は、ほとんどの家にチャイムがありますから、ボタンを押せば言葉はいらないのでしょうが、

声をかけなければならない場合は、

ごめんください

が普通かと思っていたのですが、それより多いのは、

すみません

のようです。とにかく、この「すみません」は、たいへん広い意味に用いられる便利な言葉になっています。なにしろ、「すみません」の意味は、

① ごめんなさい
② ちょっと失礼
③ ありがとう
④ もしもし
⑤ ごめんください

など、多様な範囲にわたります。

ただし、「すみません」は、よく使われるだけに、少々軽い意味になる傾向があります。例えば今並べた①・②の意味も、それぞれ、①申し訳ありません（申し訳ございません）、②恐れ入りますが、などに比べて丁寧さの度合いが軽くなります。また、③（感謝）では、

ありがとう……喜び。　（例）贈り物を貰った時　お祝いの言葉を受けた時

すみません……恐縮。　（例）ビールを注いでもらった時

のような違いがあるようです。

他人の家を訪問したときは、「ごめんください」が最も一般的だと思いますが、家からの応答がなかなかない場合に、「すみません」と大声で何度も叫んでいる姿を見ると、この人は窓ガラスでも割ったのかな、などとおかしくもなります。

さようなら

小学生（低学年）が学校の玄関や校門の所で大声をあげて、

先生、さようなら。

と言う姿はかわいいものですが、会社の同僚などに対してはあまり使わないのではないかと思います。たいていの場合は、

失礼いたします　お先に失礼します

などを用い、言われたほうも、同じ言葉を返すか、あるいは

お気をつけて

などと言うことが多いようです。なお、「お気をつけて」はよくない（「お気をつけになって」が正しい）という学者もいますが、現在では認められている言葉とみてよいでしょう。

また雑談になりますが、以前、新聞の投書欄で、「日本語はあいまいでよくない」と主張する人

がいて、その例に「さようなら」をあげていました。なるほど、外国語では、

see you again（英語）

au revoir（フランス語）

再見（中国語）

など、「また会いましょう」という意味の挨拶語を用いる国が多いのかも知れません。それらに比べれば、日本語の「さようなら」は「それでは」という意味で、あいまいだという批判が成り立つかとも思われます。しかし、それは決してマイナスの言葉ではなく、むしろ、相手への気配りを重視する日本人の感覚に合った言葉であるとも言えます。例えば、

そろそろ出かけましょうか。

などの言葉もあいまいと言えば確かにあいまいですが、相手の都合に合わせて、という気持をこめた言葉遣いなのです。「さようなら」で含みを持たせる、という点が日本語の特徴だとも言えるかと思います。

若者は、「じゃあね」などという「あいまいな」別れの言葉を使います。意味はなるほど「さようなら」と同じです。

14で、行動を評価する言葉（相手の行動を重く、自分の行動を軽く評価する）について述べましたが、相手への気配りを示すということは、敬語の基本にも通じることであり、重要なことです。

気配り・礼儀語

気配りとは、その場にいる人物への配慮が第一で、これが最も敬語に直結しますが、そのほかにも、「場」に応じた気配りが必要になります。例えば次のようなものが考えられるでしょう。

① 場所　（例）ここではなんですから、部屋に入ってゆっくりお話を伺います。
② 時刻　（例）夜分遅くお電話して申し訳ございません。
③ 時間　（例）長々とおしゃべりしてしまい、失礼いたしました。
④ 事態　（例）お忙しいところ、たいへん恐縮ですが、

そして、何かを伝えるという場合でも、用件だけではなく、次のような一言を添えるという配慮が大切になります。いわば、人間関係の潤滑油のようなはたらきをするのが、こうした「礼儀語」とでも呼べる言葉です。

すみませんが
ありがとうございます
恐れ入りますが
お待たせいたしました

お世話になります
お手数をおかけいたしました

手紙

手紙は、話し言葉に比べて敬語が多くなる傾向にあります。その理由は、第一に、手紙を書くという行為によって、改まった気持になる場合が多いということ。第二には、表情や態度で補うことができないために、敬語が増えるということが考えられます。さらには、いわゆる慣例に従って「きまり文句」を用いたほうがラクだ、という点も影響していると思われます。

「手紙の書き方」などという類のハウツー物を見ますと、手紙特有の言葉をたくさん並べているものが目立ちます。時候の挨拶の類型はもとより、「人」に関する言葉などを拾いあげても、

自分のこと　小生、拙宅、拙著、小店、小社、弊社、愚見、愚妻、愚息、など。
相手のこと　貴下、貴殿、貴兄、貴女、大兄、ご高著、ご高説、ご令室、ご令兄、各位、ご芳名、ご芳情、など。

というように、かなり大袈裟なものまで列挙しているものが多いようですが、あまりこの種の言葉を使い過ぎるのはよくないと言えます。私たちの仲間の間では、著書を贈呈するのに、

このほど、ささやかな拙著を公刊いたしましたので、一冊贈呈申し上げます。もとより浅学

非才の身、いたずらに貴重なお時間を浪費させる結果になることを恐れますが、お暇の折にご一読賜わり、ご批正いただければ幸甚に存じます。

というような類の手紙が添えられていることが多いのですが、右に例示した程度が限界で、あまり敬語を羅列するのも、かえって慇懃無礼に聞こえる恐れがあります（右に例示したものもかなり慇懃無礼になるかも知れません）。

手紙の文章は、何よりも、自分の真心が伝わるように気持をこめて書くことが肝要です。美辞麗句よりも、真情が表れた文章が大切なのです。

志賀直哉の手紙を紹介します。小林多喜二が獄死した時に、その母親に宛てた手紙です。こういう手紙（弔問など）は最も難しいとされるものですが、礼を守る中に真情がこめられています。

拝啓　御令息御死去の趣、新聞にて承知、誠に悲しく感じました。前途ある作家としても実に惜しく、また、お会いしたことは一度でありますが、人間として親しい感じを持っております。不自然な御死去の様子を考え、アンタンたる気持になりました。

御面会の折にも、同君帰られぬ夜などの場合貴女様御心配のことお話しあり、そのことなど憶い出し、いっそう御心中御察し申し上げております。

夏目漱石の手紙も、その人柄をうかがわせるものとして有名です。次に、はがきと手紙の例を、一つずつあげてみます。まず、寺田寅彦へのはがき。

拝啓　来たる三日、木曜にて、例の人々来たりて御馳走をこしらへて食べる由、手伝ふなら昼から、食ふなら夕方、御出被下度候《おいでくだされたくそうろう》。

木曜会への誘いですが、親しい相手に対するユーモアに満ちた文面です。寺田寅彦も、微苦笑しながら、なんとか早めに行こうと考えたことでしょう。

もう一通は、芥川龍之介に宛てた長い手紙の、ごく一部です。弟子を励ます漱石の愛情が溢れています。

あせってはいけません。頭を悪くしてはいけません。根気づくでおいでなさい。世の中は、根気の前に頭を下げることを知ってゐますが、火花の前には一瞬の記憶しか与へてくれません。うんうん死ぬまで押すのです。それだけです。決して相手をこしらへてそれを押してはいけません。相手はいくらでも後から後からと出て来ます。そうして我々を悩ませます。牛は超然として押して行くのです。何を押すのかときくなら申します。人間を押すのです。文士を押すのではありません。

立派な手紙を紹介した後で、はなはだ気がひけるのですが、一つ、私自身のことを書きます。例の雑談だと思って読んでください。

礼状

手紙の中でも、何かを贈られた際の礼状は、かなり敬語を用いる手紙と言えます。私の場合は、著書を贈られたときの返事が、最も気を遣うケースです。当然、その本に対する感想や批評を書かなければならないわけですが、忙しい時などはそれが多少苦痛であるというのも正直なところです。そこで私が考えた方法は、目次にざっと目を通して、あまり興味がなかったり、批評を書く自信がなかったりする場合は、その場ですぐに礼状を書くのです。そうすれば、

いずれゆっくり拝読して、今後の参考にさせていただきたいと存じます。

というような文面ですますことができます。何日か返事が遅れますと、これでは通用しなくなりますから、本を受け取ったら、ただちにはがきを書いて郵便ポストまで走ることが大切です。

また、歌人・俳人の方から歌集・句集を贈呈された時は、もっと苦労です。なにしろ私は、短歌・俳句を作ったことがありませんから、せっかくいただいても批評のしようがないのです。しかたなく、そういう場合は、ざっと目を通して、直感的に興味を持った作品をいくつか抜き出しておいて、礼状には、

いずれゆっくり拝読させていただきますが、ざっと目を通した範囲では、次のような句(歌)が、目にとまりました。

と書いて、二つか三つ並べるのです。これが返信のコツだと私は思っています。

もっとも、ある大学で、雑談の中でこの話をしたことがありました。その後、その大学の先生から著書を贈られて、うっかり例のごとく早めに礼状を出したら、折り返しはがきが来て、「先生からの返事を早々と頂戴しました。やはり読んでいただけなかったのだなとわかりました」と書いてあったのには赤面しました。こういう「極意」はめったに人に教えるものではないようです。

16　敬語の変化

言葉は時代と共に変化するものですが、敬語にもその傾向が見られます。これまでにも個々の現象についてはその都度ふれてきましたが、ここで、最近の変化を類別しますと、およそ次のようになります。

① 丁寧表現を主とするようになった。

敬語は次第に簡素化されていく傾向にあると思われますが、とりわけ、丁寧表現でほとんどをすまそうとするのが、目立つ傾向と言えます。確かに、丁寧表現を用いれば、とりあえずは相手（聞き手）に対して失礼にならないのですから、この傾向は今後ますます進んでいくものと予想できます。

②

「ご……される」という形の尊敬表現が多くなった。

本来、「ご……される」は、

ご紹介する　　ご案内する

のような謙譲語であり、これに「れる」をつけるのは誤りとされてきました。しかし、最近では、

大学にご入学された由、承りました。おめでとうございます。

北海道へご旅行されるときは、ぜひお立ち寄りください。

のように、尊敬語として用いる例が増えてきたように思われます。「ご入学」「ご旅行」が尊敬表現であり、「する」の敬語が「される」ですから、「ご……される」も尊敬表現だと誤解されたのが、いつのまにか広まったのだろうと想像されます。

これだけ多くみられるようになりますと、あるいは、新しい尊敬表現が生まれたと考えるほかはないのかも知れません。

③

「あげる」が丁寧語（美化語）になった。

138ページで述べたように、「あげる」は、もはや謙譲語としてよりも丁寧語（美化語）とし

て用いられるようになった、と認めざるをえません。

④「せていただく」の形が増加した。

これも、「おかげさまで……」という気持を含む表現として敬語意識に通じるところから、新しい敬語表現として定着しつつあります。

ただし、これには多様な意味が含まれますから、場に応じて注意して用いる必要があります（118ページ参照）。

⑤「お……する」が美化語として用いられるようになった。

「お……する」は本来は謙譲語ですが、

会社をお休みする

銀行にお勤めしています

のように、美化語としての用例が多くなりました（64ページ参照）。

敬語は心

17　まとめ――敬語の基本

最後に、敬語についての基本的な事柄を、まとめておきたいと思います。

まず強調しておきたいことは、敬語の使い方というものが、決して技術だけではない、ということです。本書ではいろいろな面から、敬語に関して解説してきましたが、それらを単なる知識として、あるいは単なる話し方技術として、いかに使いこなすかという方向でのみ考えないでほしい、と願っております。

結論から先に言えば、敬語とは心のはたらきにほかなりません。すなわち、①相手を思いやる心、②相手への礼を守る心、③相手にいやな思いをさせまいと配慮する心、など、つまりは、④相手の人格を尊重する心、が敬語の基本なのです。

『論語』に、

巧言令色鮮矣仁。（巧言令色ハ、スクナキカナ仁）

《ことさらに言葉を飾り、顔色・態度をつくろう人間は、心の中に仁道はほとんど存在しないのである。》

巧言乱徳。（巧言ハ徳ヲ乱ル）

《巧みに飾って実のない言葉は、その言葉を吐く人自身の徳を乱し破り、他人の徳をも乱し害するものである。》

というように、「巧言」をことさらに戒めております。このことから、昔の日本では「寡黙」がよいとされ、「沈黙は金」などという諺も生まれました。しかし、孔子の言うのは、うわべだけ飾りたてる言葉を戒めているのであり、「寡黙」を推奨しているわけではありません。孔子自身、諸国を遊説した雄弁家の一人だったのです。

よけいな雑談を加えれば、仏教の中でも禅宗は、経典の研究より座禅等の修行（実践）を尊び、「以心伝心」を強調する宗派ですが、「以心伝心」を説く禅宗の僧侶たちが、他の宗派よりはるかに多くの言葉（語録や著書など）を残しています。

孔子の言うのも、表面だけ飾ることを「巧言」と呼んだのであり、真心から発せられる言葉は必ず相手に通じる、それが敬語の心でもあるのです。

思いやり・察し合い

もともと、日本人の付き合い方は、思いやり・察し合いに基づいているのだと言えるのではないかと思います。「言外の意味」ということばがあるように、言葉に出して表現された事柄以上のものを察すること、それが必要とされるのも、日本独特の処世法かも知れません。例えば、夫が会社から帰って、「ただ今」と玄関で言うと、妻は、その声や調子から、今日は疲れているなとか、何かよくいないことがあったらしいとか、察するのであって、それが家族として当然のこととされてもきました。

私が中国の大学に行っていた時、日本語学習のための教材が乏しいので、自分で作るしかないと考え、日本語のわかる事務担当者に「ガリ版印刷で教材を作るから、ガリ版を持ってきてくれ」と言いましたら（中国語でも「謄写版」というのですが、発音がわからなかったし、「ガリ版」でわかるというので「ガリ版」という言葉を用いました)、なんと、まさにガリ版(やすり)だけを持って来ました。私が、「鉄筆や原紙がなければできないではないか」と言うと、「鉄筆や原紙が必要ならば、そう言ってくれないとわからない」という返事。日本ならば、「ガリ版を」と言えば、やすり・鉄筆・原紙・修正液など、謄写版印刷のための一式を当然持って来てくれるはずですが、すべてを言葉で言わなければ通じない世界もあるのだということを痛感した経験でした。相手が何をするのか、そのためには何が必要なのか、ということを考える(察する)のが当然と思っていたのは、やはり私が日本人だからでしょうか。

そこで私は、授業の中で、「私がタバコを買ってきてほしいと言ったら、君たちはどうするか」と尋ねてみました。すると学生は、「先生の要求ならば買いに行く」と答えました。次に、「タバコにはいろいろあるが、どのタバコを買って来るのか」と重ねて質問すると、「一番いいタバコを買う」という返事。ここで私は次のように説明しました。

日本で最もよいとされる態度は、まず、先生がいつも吸っているタバコは何かを確める。それには、先生に尋ねるより、先生が捨てようとした空き箱を見て判断するほうがよい。そして、そのタバコを買い、先生に渡すときは、マッチも添えてさりげなく渡すのが、最も気がきく人間と評価される。

と話した後に、

もっとも、現在の日本でそういう気のきいたサービスをするのは、バーのウェイトレスくらいなものだがね。

と言いました。二十年以上も前のことですが、すでに、マッチも必要だろうと気をまわす行動は、日本人でも少なくなっていたからです。

雑談ついでに、話が多少発展しますが、言葉の機能として、第一に「伝達」ということがあげられます。伝達にも、情報（事柄）の伝達のほかに、感情（気持）の伝達というものがあります。言葉の「社交的機能」と呼んでもいいはたらきです。例えば、次のような会話をみてください。

「あら、奥さん、どちらまで?」

「はあ、ちょっとそこまで」

「あらそうですか。ではまた……」

この会話で、いったい何が伝わったのでしょうか。具体的な事柄は何もないようにみえます。しかし、これで相手への親しみを表しているのであって、会話の趣旨はじゅうぶん果たされています。「どちらまで?」という問いは、一見よけいなお世話のように聞こえますが、これは「お変わりありませんか」と同じ意味です。だから、聞かれたほうも、「ちょっとそこまで」でいいのです（具体的な行く先を尋ねたのでもなく、答える必要もない）。こういう一見内容のない会話が、お互いの親しさを表明する役割を果たしているのです。

中世の歌謡を集めた『閑吟集』から、一首引用してみます。

あまり言葉のかけたさに　あれ見さいなう　空行く雲のはやさよ

《あまり言葉がかけたくて……あれ御覧なさいよ。空を雲がずいぶん速く流れて行くわ》

恋人とのデートでしょうか。何か話をしたいのだが、うまく言葉が出てこない、という状態。口をついて出たのは「空行く雲のはやさよ」という、まるで関係ない話題で、これがなんとも娘心をよく表しています。この歌は、『閑吟集』の中でもとくに傑作だと私は評価しています。

現代でも、例えば、恋人と並んで散策している時に、女性が「月が美しいわねえ」と言ったとすると、それに対して男性が、「うん、高気圧が張り出しているからね」などと応じたら、二人の仲はおしまいでしょう。「月が美しいわ」というのは、月を話題にしようというのではなく、ロマンチックな気分にひたりたい、そっと肩を抱いてほしい、というような意味なのだろうと思います（「だろう」と言ったのは、残念ながら私には経験がないため）。それが「言外の意味」であり、それを察するのが会話では大切なことです。

日常の挨拶なども同じです。「寒くなりましたね」を表面通りに受け取って、「冬ですからね」などと応じたら、「あいつは言葉も知らないやつだ」と軽蔑されるでしょうし、あるいは会社で、換気のために窓をあけている時、課長が出社して、「今日はちょっと寒いね」と言うと、その意図を察して窓を閉める、という心配りが、日本の社会では必要とされるのです。課長のほうも、「窓を閉めろ」などという露骨な表現を避けて「今日は寒いね」と言っているのですから。

これらのことは、直接には敬語と関係ありませんが、前にも述べたように、こうした気配りが、敬語の基本に通じるのです。

不快な敬語

ここで、敬語に関することが人を不愉快にさせる場合というものを、いささか確めておきましょう。言葉遣いが相手を不愉快にさせることがありますが、その大半は、敬語に関係するのです。前にも述べたように、言葉遣いについての日本人の価値観は、敬語に関するものがほとんどであり、敬語の使い方が、その人に対する人格評価にも及び、仕事にも影響するのです。

敬語に関して、相手を不快にさせるのは、次の二つだと思われます。

① 敬語の不使用（無愛想）

② 空虚な敬語（口先だけの敬語、場をわきまえない敬語、など）

商店に買い物に行って、店員から無愛想な応対をされて気分を害する、という例がよくあるように、自分がある程度予想している敬語を使われないと、相手から軽んじられたような気分になります。つまり、敬語を使わないことは、誤った敬語を使うことよりも、相手に不快な気を持たせることになるのです。

敬語の不使用という点では、以前から時折問題にされてきたことの一つに、いわゆる「看護婦用語」というのがあります。病院などでしばしば耳にする言葉遣いですが、看護婦が老人の患者に向かって、「おじいちゃん、どうしたの？　おなかが痛いの？　部屋まで一人で歩ける？」などと尋ねることが多いようです。おそらく、患者に対して親しく（やさしく）話しかける、という配慮がこうした言葉遣いを生んだのだと思いますが、これもマニュアル化すると危険な言葉遣いです。患者の中には、幼児扱いをされたように感じて、不愉快になる人がいるはずです。だれに対しても同じ言い方をするのではなく、相手の立場を考えて、せめて丁寧語（です・ます）くらいは使うほうがよい場合が多い、と私は思います。

その反対に、本書で「マニュアル敬語」と名づけたような、形だけの敬語、心のこもっていない敬語表現も、人の心に届きません。場をわきまえない大袈裟な敬語表現も同じです。必要以上に敬語を使われると、相手は、むしろ疎外されたような不快さをおぼえます。敬語とは「隔たりの意識を表明する言葉」であるという、本書での定義を、ぜひ知っていただきたいと思います。相手との距離を測り、適切な表現を選ぶことが、何より大切なのです。

茶席の会話

茶道では、お茶を飲んだ後、茶碗をほめたり、床の間に掛けてある軸物や、飾ってある花のことを話題にするのがふつうです。また、いわゆる「お茶事」では、用意した食事について、その食材がどこから取り寄せたものだとか、どのように調理したものだとか、主人が説明します（懐石料理の作法もここから生まれた）。現在では、いずれも単なる「きまり」のようになっていて、正直なところ、空疎な儀礼になっている例も珍しくはありませんが、本来は、これは会話というものの最も肝心な心得に通じるものであり、日本の誇る伝統でもあるのです。

「楽屋落ち」という言葉があります。「落ち」は落語の「さげ」のことで、楽屋（控え室）だけで通じる「落ち」。そこから、自分たちだけで通じる会話のことをいう言葉です。テレビの番組の中には、「トーク番組」と称して、芸能人たちが勝手におしゃべりするものがよく放映されますが、最近では、出演するタレントたちの中には、芸人であることの心得を忘れて、

「ほら、この前の日テレの収録の時、ハマちゃんの騒ぎがあっただろ」

「そうそう、あれは傑作だったよね」

などという類の会話をすることがあります。タレントの質が落ちたことを如実に表しています。聞いている第三者にはまったく通じない、自分たちだけの笑いです。昔から、芸人の心得として「楽屋落ち」は避けなければならないということが言われていたのですが、近頃は、自分たちだけ楽しめればよいという風潮が、こうしたトーク番組にも表れているのでしょうか。

茶席で、茶碗や掛け軸などを話題にするのは、その場にいる人に共通した話題を選ぶ、という精神から生まれた作法です。お茶の席とは、客同士が初対面という場合も少なくなかったので、特定

の者の間でだけ通用する話題を避けるためには、その場にある物を話題にするのが最もよい、という考えが根底にあるのです。数人の者が集まった場では、仲間うちだけで通用する話題（言葉）は避けるのが、最低の礼儀です。日本には、茶道という、そのような心遣いを重視する場が昔からあったのに、今では茶道も形骸化し、日常の生活とは遊離したものになってしまったのでしょうか。本来の茶席のような、その場にいる人全員に対する心配りも、敬語の基礎として大切なことです。

声の表情

話し言葉では、声の表情ということも、重要なはたらきをします。字に書けば同じ言葉でも、実際に発音される場合の声の調子（表情）によって、いろいろな意味になることが多いのです。例えば、次の例をみてください。

父親　「太郎、お父さんは美術館へ行くけど、おまえも行くかい」
太郎　「いいよ」

この会話で、太郎の返事「いいよ」には、二つの意味が考えられます。すなわち、

①　いいよ。行くよ。
②　いいよ、行かないよ。

の二つです。その違いは、「いいよ」と言う時の声の表情によって区別されます。

もう一つの例を示します。ある場面で、ある男が次のように言ったとすると、それはどういう意

味でしょうか。いろいろな意味が考えられますが、声の表情でやはり区別できるのです。

おまえも行くのか。

上手な役者ならば、いくつかの場面を想定して、セリフの違いを演じられるはずですが、答えの例をいくつかあげておきますと、

① おまえも行くのかどうなのか（単純な問い）。
② おまえも行くのか、行かないのか、はっきりしろ。
③ え？　おまえも行くのか。それは驚いた。
④ おまえも行くのか。行かないだろうな（行かないでくれよ）。
⑤ そうか、おまえも行くのか。しかたがないことだ（困ったことだ）。

敬語でも、無表情に言葉だけ敬語を用いても、相手の心には響きません。相手に対する親愛の情や、相手に対して丁重に接する気持は、声の表情や、態度によって支えられています。

敬語はゆとり

ここで、一応の結論を言いますと、丁寧で上品な言葉遣いをすれば、自分も気持がいいし、相手にもよい印象を与えます。その結果、コミュニケーションにも好影響をもたらすのです。敬語を社交上のテクニックと考えるのは間違いです。単なる表現技巧ではなく、相手を尊重し、礼を守る心を基盤にして、明るく、楽しく敬語を用いたいものです。

もともと、心にゆとりのある人の話は、話題にもゆとりのある、人の心に響くものになります。言葉は、単に事柄を伝える道具ではありません。気持を伝え、感情を伝え合うための道具でもあるのです。「敬語は面倒であり、要は言いたいことが表現できればいいのであって、敬語は非能率的なものだ」と考えるのは、ゆがんだ能率主義だと言えるでしょう。

生活のゆとりが敬語を支えるのであり、効率のよさだけでは表現の豊かさは生まれないのです。

あとがき

敬語について解説した書物は世に多く出されています。したがって、私ごときが新しくその列に加わる必要は多分ないでしょう。ただ、長年国語教育に携わってきた経験から、教育現場に限らず、敬語に対する見方を、もっとわかりやすいものにしてはどうかという感想を持ち続けてきました。文化庁の「国語に関する意識調査」などの結果を見ても、敬語については、その重要性を強調する人が多い反面、使い方が難しいとか、敬語は不得手だとかいう傾向も目立ちます。それらは、敬語を「相手をうやまう言葉」「自分がへりくだる言葉」というように理解していることに原因があるように思われます。

戦前の国定教科書では、例えば、母親が子供に対して、「お父様がおっしゃいましたように、部屋の中をよく片付けるようになさい」というような類の言葉遣いをしている例文も多く見られ、おそらく、当時の普通の言葉遣いよりも丁寧なものであったと想像されます。すなわち、昔の教科書は、いわゆる「規範的な日本語」を示すことが主眼とされていたものと推定され、それは確かに立派な見識といえましょう。しかし現代では、教育界でもなるべく日常の日本語を取り上げるようになっており、「目上・目下」というような関係で敬語を教えることも難しくなっています。

本書は、敬語を学問的に研究した論文ではありませんし、さりとて、いわゆるハウツー物でもありません。敬語を使いこなすには、まず、敬語に対する認識を明確にすることが必要だと考え、その点を強調した内容にすべく努めました。敬語意識とは、相手との距離をどのように測っているかという意識の表れだ、という私の姿勢を基盤にしたものとなっていますし、相手の人格を尊重する態度に基づくものとしての敬語法に関心を寄せてほしいという願いが根底にあります。

また、広く一般の人に読んでいただきたいという願望から、できるだけ平易な叙述を心がけましたが、小・中・高等学校の国語教師や、教師を目指す学生諸君にも参考になるように、という期待もこめて執筆しました。

とはいえ、このようなものを刊行してくれる出版社があるだろうかと、正直なところ心配でした。また、「です・ます」調でエッセイ風に書き流した感もあり、少なからず躊躇していたのですが、幸い、溪水社の木村逸司氏に声をかけてみたところ、出版を快諾してくださり、こうして日の目を見ることができました。改めて感謝申し上げます。

著　者

著 者

長 尾 高 明（ながお たかあき）

1936年東京都に生まれる。東京教育大学文学部卒業。
現在、文教大学教授・宇都宮大学名誉教授。

〈主な著書〉

『古典指導の方法』（有精堂）
『鑑賞指導のための教材研究法』（明治図書）
『言語学習 その方向と実践』（尚学図書）
『厳選国語教科書』（小学館）
『新古典文法』（尚学図書）
『中国人学生の作文にみる日本語表現語用例』（中国 河北大学）

敬語の常識

平成17年4月1日 発 行

著 者 長 尾 高 明

発行所 株式会社 渓 水 社

広島市中区小町1－4（〒730-0041）
電 話（082）246－7909
FAX（082）246－7876
E-mail:info@keisui.co.jp

ISBN4-87440-868-0 C1081